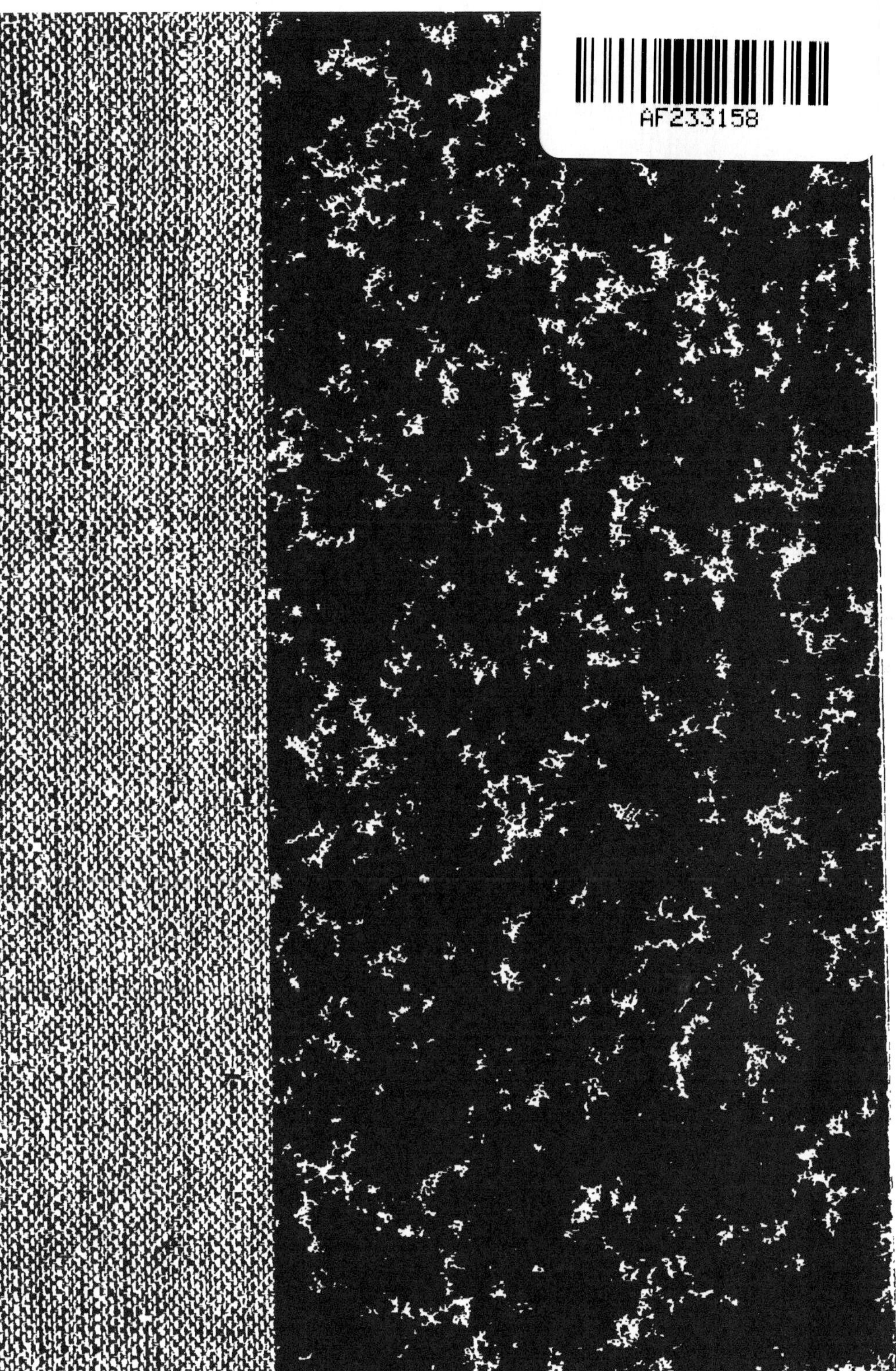

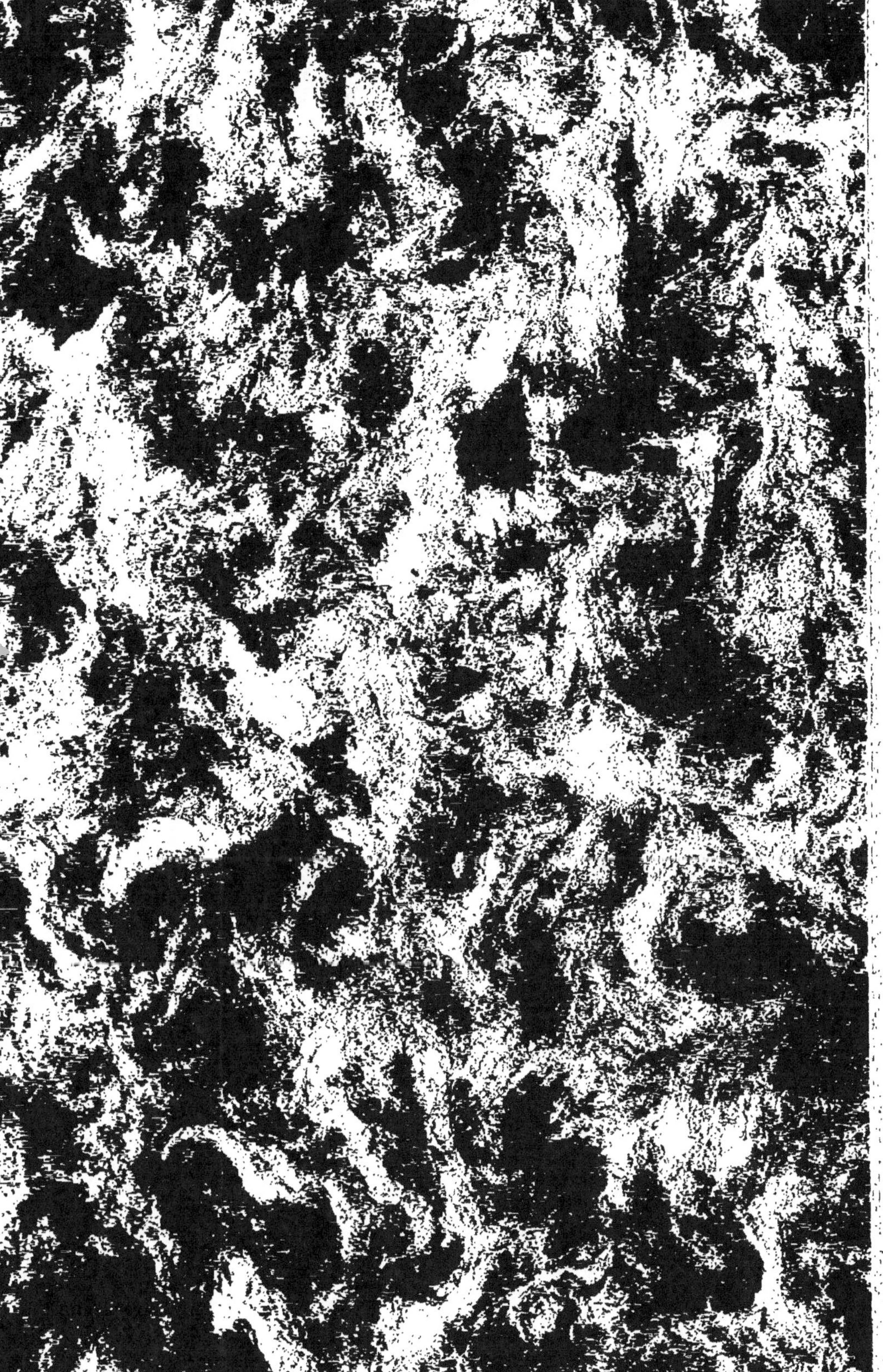

# GEORGES DE MOUSSAC

# DANS LA MÊLÉE

## JOURNAL D'UN CUIRASSIER DE 1870-1871

### DE REICHSHOFFEN A SEDAN — EN CAPTIVITÉ A ULM
### CONTRE LA COMMUNE

Librairie académique *PERRIN* et C<sup>ie</sup>.

# DANS LA MÊLÉE

JOURNAL D'UN CUIRASSIER DE 1870-1871

# GEORGES DE MOUSSAC

# DANS LA MÊLÉE

## JOURNAL D'UN CUIRASSIER DE 1870-1871

DE REICHSHOFFEN A SEDAN

EN CAPTIVITÉ A ULM

CONTRE LA COMMUNE

## PARIS

LIBRAIRIE ACADÉMIQUE

PERRIN ET Cie, LIBRAIRES-ÉDITEURS

35, QUAI DES GRANDS-AUGUSTINS, 35

1911

# DANS LA MÊLÉE

JOURNAL D'UN CUIRASSIER DE 1870-1871

## PREMIÈRE PARTIE

## DE REICHSHOFFEN A SEDAN

Poussé depuis longtemps par le désir d'être militaire, et ayant bien souvent entendu parler des zouaves pontificaux où beaucoup de mes parents s'étaient enrôlés, je n'avais qu'une idée : m'y engager aussitôt que ma famille m'y autoriserait. J'avais demandé à plusieurs reprises à mes parents de me laisser partir en 1867 et en 1868 ; ma mère m'avait toujours répondu : « Si tu avais dix-huit ans, je te dirais : Pars. » Les événements qui précédèrent Mentana défrayaient nos conversations au collège de Pont-Levoy. Résolus d'aller à Rome, nous avions, mon camarade de Scepeaux[1] et moi, fait tout un plan pour filer. Le directeur de Pont-Levoy fut prévenu; nous fûmes coffrés; sans cela, nous eussions, je crois, pris part à la bataille de Mentana.

Il n'y avait plus lieu d'aller aux zouaves pontificaux, en octobre 1869. Je m'engageai comme cavalier-élève à l'École de Saumur.

L'année s'était écoulée sans événement, lorsque nous assistâmes au plébiscite. Trop jeune pour voter, les cavaliers-élèves avaient pris tous les services de l'École. Dans les premiers jours de juillet 1870, les bruits de guerre nous donnèrent l'espoir de ne pas terminer le cours; l'idée de faire campagne était notre seule préoccupation. Vers le 20 juillet arriva l'ordre de mobilisation. Le général Michel, commandant l'École, me fit appeler pour m'apprendre que j'avais obtenu, par décision ministérielle, la permission d'aller comme brigadier au 9ᵉ chasseurs à cheval en Algérie (ce qui ne se

---

1. Engagé aux Volontaires de l'Ouest en 1870. Tué à l'ennemi.

faisait jamais directement en sortant de l'École, mais plus tard en rendant ses galons). Le général ajouta que le 9ᵉ chasseurs n'avait peut-être pas l'ordre de rentrer en France ; devant mon attitude désappointée, il me dit qu'aucun de mes camarades n'avait demandé le 3ᵉ régiment de cuirassiers en garnison à Lunéville, lequel allait sûrement entrer en campagne. Il voulait bien me désigner pour ce régiment.

Prévenus en hâte, mon père et ma mère, qui habitaient Poitiers, vinrent à Saumur passer une journée. J'étais ravi de partir en campagne ; mais j'avais le cœur serré par la tristesse bien naturelle de ma pauvre mère et par le peu d'enthousiasme de mon père pour cette guerre. Je m'efforçais de cacher mon émotion.

Jeunes, pleins d'entrain et voyant l'avenir avec des yeux de dix-neuf ans, ayant tous une excellente santé, ce fut fort gaiement que, mes camarades et moi, nous prîmes le chemin de la gare.

On nous licenciait sans examen, après un classement d'après les notes de l'année ; j'avais le nᵒ 14 sur environ 5o. Et nous étions nommés brigadiers ! Les commerçants de Saumur faisaient piteuse mine, eux qui vivaient grassement de l'École ; ils se disaient ruinés par le licenciement ; mais ils ne nous apitoyaient pas du tout. En passant entre les ponts, nous eûmes la gaminerie de faire un vaste « chahut » à un restaurateur, qui avait fait punir l'un de nous quelque temps auparavant. Enfin arriva l'heure du départ.

A Paris, mon oncle le marquis Dodun de Kéroman, frère aîné de ma mère, me présenta à son ami le lieutenant-colonel de La Salle, du 3ᵉ cuirassiers, mon régiment, lequel me fit un très aimable accueil. Je fus voir le général de Ladmirault, qui venait d'être nommé au commandement du 4ᵉ corps d'armée ; il me proposa de me demander comme porte-fanion, ce que j'acceptai avec joie : le général disait qu'avec de la chance on pouvait espérer de l'avancement de cette campagne et, qui sait ? le sort me favorisant, en revenir peut-être sous-lieutenant. Le général de Ladmirault était un des plus vieux amis de ma famille en Poitou ; il aimait à rappeler à ma grand'mère que, tout enfant, on l'avait confié à elle pour le conduire au collège à Paris. Il fut toujours d'une très grande bonté pour moi.

Je vis quelques parents ; ils s'apitoyaient sur mon air de grande jeunesse (je n'avais pas trace de barbe). Je les rassurais par mon entrain et ma joie de partir en campagne. Ma bonne grand'tante, la marquise Dalon, née de Richemont, me fit mille recommandations et voulut coudre elle-même un billet de cinquante francs dans mon scapulaire, comme aide dans un cas urgent.

Je fus accompagné à la gare de l'Est par mon oncle et ma tante, le vicomte et la vicomtesse de Bouthillier-Chavigny.

Je trouvai, sur les marches de la gare, mon nouveau cousin, le capitaine Clouët des Pesruches, qui venait d'épouser, il y avait à peine un mois, une de mes cousines de Richemont. Il allait rejoindre à Metz. Nous nous embrassâmes en bons camarades, nous souhaitant bonne chance !

Les cris des braillards enivrés, dans les rues,

et ceux de bien des soldats, rejoignant leurs corps, faisaient bien mauvaise impression. Sur tout le parcours jusqu'à Toul, que de chants! que de cris! Dans certaines gares, principalement à Épernay et à Bar-le-Duc, on voyait des barriques de vin debout et défoncées; des quantités de soldats allaient y puiser à même et buvaient à s'enivrer, aux cris de : « A Berlin! »

21 juillet.

Arrivé au dépôt du 3ᵉ cuirassiers à Toul, je fus habillé de pied en cap; j'étais si mince que les cuirasses ballottaient sur moi. Il y avait à Toul une fabrique de pipes en bois; j'y fis l'emplette d'une belle pipe en racine de bruyère, qui représentait la tête de Bismarck, coiffée du casque à pointe, lequel était mobile et percé de trous pour laisser échapper la fumée; elle devait m'être volée par un Prussien, en captivité.

23 juillet.

Un arrêt assez long à Nancy me permit de

voir la ville; fier de mon casque et de mes cuirasses, je me promenai ainsi équipé malgré la grande chaleur. A Lunéville, au quartier de cavalerie, je trouvai mon très bon ami de La Marsonnière, revenant de Saumur où il avait fait un cours comme sous-officier; il était maréchal des logis chef et je fus placé dans son escadron. Le lendemain de mon arrivée, je fus présenté au colonel, au rapport. Le colonel de Lafutzen de la Carre m'accueillit avec beaucoup de bienveillance et me parla de membres de ma famille, en me disant que j'étais son parent, ce que j'ignorais.

Arrivant dans la chambrée, tout imberbe, avec des galons tout neufs sur les bras, devant un peloton de grands gaillards dont quelques-uns avaient des chevrons, je ne laissais pas d'être un peu intimidé. Un loustic me dit : « Brigadier, prends donc ce lit. » Beaucoup de vieux soldats tutoyaient tout le monde. Je compris, aux rires de quelques-uns, qu'il devait y avoir une farce là-dessous. Le chef, La Marsonnière, vint à passer, et, entendant la chose, admonesta le cuirassier farceur ; il fit faire une

place dans un coin, prérogative du brigadier, et défendit l'usage du lit qu'on voulait
me faire prendre : l'homme qui l'occupait
venait d'entrer à l'infirmerie pour maladie de
peau !

Ce jour-là, un brave cuirassier nommé
Franschescetti, Corse d'origine, vieux troupier,
un hercule qui était de mon peloton, me dit :
« Brigadier, veux-tu que je te brosse ? tu ver-
ras comme tes affaires seront tenues. » Sa
bonne mine et son air de grande franchise me
firent accepter ses offres. Franschescetti me
dit aussi : « Tu as de l'argent, brigadier ;
donne-le-moi ; on te le volerait ; moi, je te le
garderai. » Il m'inspirait une telle confiance
que je lui donnai mon argent ; ma confiance
ne fut jamais mieux placée ; par la suite, cet
homme me rendit de grands services.

Il fallait choisir un cheval et, pour faire
campagne, il était nécessaire d'en trouver un
bon. A cette époque, le 3ᵉ régiment de cuirassiers, comme tous les régiments de cavalerie
portant le nᵒ 3, était monté en chevaux gris
— un joli point de tir ; — les trompettes

avaient des chevaux de robes foncées. A ce moment de l'année — le cheval étant la propriété du cavalier, — le choix était très restreint. J'avisai, cependant, un cheval gris de provenance hongroise, grand, mince, fait en coin, peu de graisse, très beaux membres et très osseux. Son aspect maigre et sec l'avait fait dédaigner, les gros frères aimant les bons gros chevaux. Je demandai *Héros*; il me fut affecté. Ces quelques jours avant notre départ de Lunéville se passèrent en marches militaires et revues de toutes sortes, corvées, etc. Une lettre du général de Ladmirault m'exprima son grand regret de n'avoir pu obtenir ma permutation comme porte-fanion; je n'étais pas de son corps d'armée, le 4ᵉ corps; on avait refusé au ministère de la Guerre.

*<br>* *

2 août. Blamont.

Enfin, le 2 août 1870, nous quittions Lunéville dès l'aube, en route pour Blamont, notre première étape. J'avais fait la connaissance d'un brigadier, Le Turc d'Omont ; ce soir-là, nous dînâmes ensemble, dans un moulin, où de braves gens voulurent bien nous servir un repas, puis nous rentrâmes au camp coucher sous la tente. C'était un début ; on dort très bien sur la paille ; sous la tête trop basse, les cuirasses forment oreiller. Le Turc d'Omont fut un bon ami, que je retrouvai pendant bien longtemps en captivité, puis plus tard en France.

3 août. Sarrebourg.

Le lendemain matin, en route pour Sarrebourg. Le campement, les distributions faits, je me lavais les mains et j'avais enlevé de mon doigt la bague à armoiries, cadeau de mon père lors de mon entrée au service, lorsqu'on me prévint que le colonel me demandait à sa tente ; je m'y rendis en hâte, oubliant cette bague, déposée à terre. Le colonel, plein de sollicitude pour tous, voulait savoir si moi, le plus jeune du régiment et tellement imberbe que les hommes me blaguaient en m'appelant Bébé, je n'étais pas fatigué ; mon entrain et ma gaîté le rassurèrent. Revenu au bivouac, je cherchai la bague ; impossible de la retrouver. Sur le conseil d'un camarade, je fus en faire la déclaration aux horlogers de Sarrebourg, pour le cas où un malhonnête, se l'étant appropriée, voudrait en faire argent.

Le soir, vers cinq heures, emmené au café par un officier de mes amis, j'y trouvai de nombreux officiers de toutes armes et de tous grades ; toutes les musiques militaires jouaient la *Marseillaise* ; bien que n'aimant pas la *Marseillaise*, je dois dire que l'effet fut grandiose ; cependant, il n'y eut pas ces cris *A Berlin !* et autres, entendus à Paris.

4 août. Saverne.

Le 4 août, en route pour Saverne. Nous avions beau temps. Je m'en allais tranquillement sur mon bon cheval ; j'avais été heureux dans mon choix. Un camarade me dit avoir vu ma bague, au doigt d'un cuirassier du peloton. A la première halte, m'approchant de cet homme, je lui réclamai mon bien. Il refusa d'abord, disant avoir trouvé cette bague et qu'elle lui appartenait. Je le prévins qu'une plainte serait portée contre lui en arrivant à l'étape et je lui en fis voir les conséquences. Il me rendit la bague. Je remerciai le camarade qui me l'avait fait retrouver, fort content que le chapardeur ne m'ait pas obligé à porter plainte.

Nous étions toujours sans nouvelles des Allemands et marchions, sans nous rendre compte du point vers lequel nous allions, n'ayant pas de cartes. Nous traversâmes Phalsbourg, petite place forte au-dessus de Saverne. Les habitants, peu nombreux, nous regardaient défiler, sans manifester aucun enthousiasme : la ville paraissait bien fortifiée ; elle me fit l'effet d'une prison. A Saverne nous comptions dormir paisiblement au bivouac.

En attendant l'heure de la retraite, beaucoup étaient dans Saverne et dans les brasseries. J'y étais avec mon maréchal des logis, Vacher, quand retentit la sonnerie *A cheval par alerte.* Aussitôt tout le monde de courir vers le camp ; il faisait déjà sombre.

En arrivant, j'entends une voix : « Dépê-
che-toi, brigadier ; tout est prêt, que tu sois
le premier à cheval du peloton ! » C'était le
brave Franchescetti, qui me mettait en hâte
les cuirasses sur le dos et dont le cheval était
prêt aussi. Je fus, en effet, le premier à cheval
du peloton, et très fier, bien que l'honneur
en revînt à Franchescetti toujours prêt. Pendant tout le temps que je restai à cet escadron, mon linge fut lavé par lui comme
par une blanchisseuse, et les gants et bufflete-
ries blanchis comme pour la parade ; ses effets
étaient tenus pareillement. Nous nous mettons
en route vers neuf heures du soir, pensant
bien que cette alerte nous ménageait une rencontre prochaine ; la bonne pipe « Bismarck »
m'aida à trouver la nuit moins longue.

Après avoir marché toute la nuit, pendant
environ neuf heures, nous bivouaquons à
Haguenau, vers cinq heures et demie du
matin ; pansage, distributions, etc. ; nous
étions à peine organisés que l'on sonna à
cheval. Chacun se demandait ce qu'il y avait
et où nous allions.

Nous avancions sur la route de « Nieder-bronn », lorsqu'on vit arriver deux gendarmes, en bras de chemise et au galop, au devant du général ; ils disaient qu'ils venaient d'être surpris par des uhlans. On nous fit mettre le sabre à la main, former les escadrons, et plusieurs pelotons partirent en reconnaissance. Après une assez longue attente, nous avancions jusqu'auprès de « Reichshoffen » ; on mit pied à terre et on resta longtemps la bride au bras. Je vis là les premiers Prussiens : c'étaient trois pauvres diables, faits prisonniers par une reconnaissance ; ils étaient couverts de boue et de poussière ; ils ne nous inspirèrent que de la pitié ; nous ne les savions pas aussi endurants qu'on le vit par la suite.

Des gens du pays nous disaient qu'on s'était battu la veille à Wissembourg — c'était là le motif de notre départ en hâte de Saverne — et que nos troupes avaient été répoussées par des forces bien supérieures. Mais chacun était confiant, pensant qu'il y avait eu surprise et qu'avant peu nous aurions la revanche. L'armée française passait pour invincible. A la nuit seulement, on dessella et on planta les tentes. Commandé de service pour une patrouille à pied, avec le maréchal des logis Vacher, à la gare de Niederbronn et environs, de minuit à deux heures du matin. Nous apprîmes là que de La Porte, maréchal des logis au 2ᵉ cuirassiers, venait de se faire enlever par les Allemands. Pendant le peu de temps que nous fûmes à la gare, il arrivait train sur train, débarquant des troupes. Sitôt revenu au bivouac, je m'endormis avec bonheur.

6 août, Reichshoffen.

Dès le petit jour, il y eut du mouvement dans le camp ; on préparait le café ; le temps était brumeux. Un brave aumônier circulait parmi nous, causant gaiement avec chacun ; il distribua quelques médailles. On sonna à cheval ; et à sept heures le régiment était formé, hommes et chevaux ayant peu mangé. On entendait depuis longtemps la fusillade des postes avancés et quelques coups de canon. La division de cuirassiers se met en mouvement ; nous montons une côte, et après avoir attendu longtemps à cheval, à l'abri d'un bois, nous mettons pied à terre pour rester la bride au bras. Nous entendions le canon et les mitrailleuses, mais sans rien voir que la fumée ; les uns causaient, assis devant leurs chevaux ; d'autres dormaient ; car nous avions déjà une certaine dose de fatigue, vu l'emploi des nuits précédentes. Nous n'étions pas près d'avoir une nuit de sommeil complète. Pour mon compte, après avoir sans scrupule fait une bonne prière, je réfléchissais à la gravité du moment, me disant : « Pourvu que je n'aie pas l'air d'avoir peur », ne me doutant pas de ce que c'était qu'une bataille et ne voulant pas que les camarades puissent faire une remarque désobligeante à mon égard [1].

----

[1]. Le régiment était commandé par le colonel de la Futzen de la Carre ; lieutenant-colonel : M. de la Salle ; chefs d'escadrons : MM. Pinard et Codieu. Les capitaines commandants étaient : 1er escadron, capitaine Matter ; 2e escadron, qui formait le dépôt à Toul, capitaine Marin ; 3e escadron, qui devenait 2e : capitaine Gaillard ; 4e escadron, qui devenait 3e : capitaine Bilger ; 5e escadron, qui devenait 4e : capitaine Blum, et, après lui, capitaine Fuchey.

Le colonel passa alors à pied dans les rangs, disant un mot aux uns et aux autres, encourageant chacun à faire son devoir, et répétant, content de la tenue de tous : « C'est bien ; c'est très bien ! »

Nous commencions à entendre siffler les balles ; nous apprîmes là ce que l'on appelle le salut à la balle ; instinctivement un grand nombre d'entre nous baissaient la tête au sifflement. Nous montons à cheval et, peu après, quelques obus viennent tomber dans les alentours ; il en tomba un en plein milieu de l'escadron : la terre était assez meuble et détrempée, il s'y enfonça sans éclater et les hommes, qui s'étaient écartés à l'arrivée du voisin gênant, reprirent confiance. Le régiment fit quelques mouvements comme à la manœuvre, et, la division placée dans un pli de terrain, nous vîmes un spectacle inoubliable.

La ferme d'Elsasshausen et le hameau occupés par les zouaves et les tirailleurs algériens furent, sous nos yeux, pris par les Bavarois, repris par nos tirailleurs, et enfin retombèrent entre les mains de l'ennemi.

La distance où nous étions nous permettait de voir cette lutte acharnée.

Le spectacle était magnifique. Les projectiles commençaient à tomber sur la division de cuirassiers, immobiles, le sabre à la main. Un très grand caporal de tirailleurs s'avançait péniblement, dans notre direction, s'aidant de son fusil pour se soutenir ; on voyait sa culotte, de toile blanche, couverte de sang. A ce moment, plusieurs fantassins qui ne paraissaient avoir aucune blessure, mais étaient séparés de leurs corps, s'approchèrent du caporal pour le soutenir. Lui, fier, se redressant, leur montrant, le bras étendu, la direction d'Elsasshausen où il venait de recevoir un projectile dans le ventre et où l'on se battait encore, refusa leur secours et leur indiqua leur devoir. Des cuirassiers crièrent : « Bravo, tirailleur ! » Le général fit mettre pied à terre à deux cuirassiers, qui soutinrent ce brave jusqu'à une ambulance qui était proche. Je fus vivement empoigné par cet incident, que je vois encore devant mes yeux.

L'ordre arrive enfin à la division de se porter en avant ; depuis le matin, nous entendions la fusillade et le canon, et nous ne pouvions nous rendre compte de rien. Le maréchal de Mac-Mahon vient au galop vers notre général de division, et lui donne l'ordre de protéger la retraite avec ses cuirassiers. Nous allons charger !

Le régiment était formé en bataille, lorsqu'un obus, arrivant droit sur notre colonel et éclatant à ce moment, lui emporte la tête devant le front de son régiment, coupe le poignet du capitaine Blum, commandant le 4e escadron, et tue le maréchal des logis trompette Félix et son cheval, ainsi que deux hommes et deux chevaux du 4e escadron qui était à notre gauche. N'étant pas très éloigné, je vis ce triste événement.

C'est la légende, qui raconte que notre colonel eut la tête enlevée dans la charge et que son corps fut emporté par son cheval dans les rangs ennemis.

La division s'ébranle et nous passons tout près du maréchal de Mac-Mahon et d'une batterie de mitrailleuses. Je fis de tout cœur un acte de contrition. Nous partons sur un terrain en pente, entre Eberbach et Elsasshausen ; tout d'un coup, au-dessus de nos têtes, un déchirement strident se fait entendre : regardant en arrière, j'aperçois le feu de la batterie de mitrailleuses qui tirait par-dessus nous. Nous arrivons à un chemin bordé d'arbres et de fossé ; au-delà, le terrain remontait. Les brave cheval Héros s'en tire très bien, et nous évitons un arbre contre lequel se cogne Rigaud, un camarade. Et en avant ! au galop ! Chargez ! A cet instant, je reçois un choc à la tête, avec l'impression que j'ai le dessus de la tête effleuré, par quoi ?

Nous sommes en face de houblonnières, d'où nous arrive un feu très nourri ; impossible d'aborder l'ennemi. Les Allemands sont presque invisibles dans ces gaulis. Deux fois, successivement, retentit le commandement : « Pelotons à gauche » ; — à cette époque, on ne pratiquait pas le demi-tour individuel —. Nous sommes un instant pris en écharpe ; puis, voilà le retour, mitraille dans le dos, chevaux fatigués, et n'ayant pu donner aucun coup de sabre aux Allemands.

Un camarade se trouvait à côté de moi, son cheval épuisé; je l'aidais à le faire avancer, en frappant la croupe du cheval du plat de mon sabre, pour lui faire prendre une allure plus vive; un voisin tombe, une balle ayant traversé le dos de ses cuirasses; un autre en reçoit une dans son porte-manteau, qui, amortie par cette épaisseur, ne lui fait aucun mal. Le maréchal de logis Vandelbeuque est tué d'une balle au front : ce pauvre garçon avait eu comme un pressentiment; il avait dit au maréchal des logis Vacher, dans le courant de la journée : « Si je suis tué, vous écrirez à ma mère, place de l'Abattoir n° 13, à Roubaix; si vous restez ici, j'écrirai à Treignac. » Vacher remplit sa pénible mission en repassant à Saverne, le lendemain 7 août.

Le lieutenant-colonel de La Salle, qui venait de prendre le commandement, ordonnait au capitaine Matter, blessé, de se rendre à l'ambulance; celui-ci refusait; il était comme fou, criant : « Venez, venez, je vais vous faire

voir comment je me bats. » Il fallut toute
l'énergie de son chef d'escadron, M. Pinard,
pour l'arrêter. Le premier escadron perdit
beaucoup de monde. Notre capitaine, M. Bilger, un Alsacien dont le frère était maréchal
des logis dans le régiment, pleurait de rage
d'être obligé de quitter le champ de bataille,
car tous les Alsaciens qui étaient dans l'armée
se battaient pour ne pas abandonner leur pays
aux Allemands. Le lieutenant Garderein, qui
avait deux mètres de haut et qui aux Cent-
Gardes, se trouvant de service à la portière de
la voiture de l'empereur, lors de l'attentat
Orsini, lui avait demandé s'il était blessé,
avait été nommé, huit jours après, sous-lieutenant au 3e cuirassiers ; c'est à lui que le capitaine Matter dit après la charge : « Reformez
votre peloton. — Il est formé, mon capitaine.
— Vous n'avez que huit hommes. — C'est
tout ce qui reste, mon capitaine. »

Le lieutenant Peyrot eut trois chevaux tués
sous lui et fut décoré : ce fut l'unique croix
donnée au régiment ; Peyrot la méritait.
Sonner, Brûlé, Gangloff, maréchaux des logis,

criaient : « Ne partons pas, chargeons encore ! » Badré, un cavalier raisonneur de mon peloton, souvent puni pour cela, prenait la bride du cheval du maréchal des logis Vacher et, lui montrant les Bavarois qui sortaient d'un bois, cherchant à nous fermer la retraite : « Mais voyez-les donc, ces cochons ; remontons-y, maréchal des logis ! »

Nous nous rallions vers le point d'où nous étions partis et nous revoyons là-haut l'état-major du maréchal de Mac-Mahon et des troupes de toutes armes, retraitant en hâte. Que de ruines et que de cadavres ! Le 3e cuirassiers fermait pour ainsi dire la marche, mon escadron en queue. Ayant retiré mon casque, je passais la main sur le dessus de la tête ; j'avais à peine quelques gouttes de sang. Le cimier du casque avait été presque entièrement tordu et à moitié arraché ; la bombe, traversée de droite à gauche, avait une déchirure beaucoup plus grande à la sortie qu'à l'entrée. Je l'avais échappé belle. Je remerciai le bon Dieu. C'est alors que j'aperçus deux marques de balles dans le devant de mes cuirasses. Un vieux troupier du peloton, cuirassier chevronné, me fit un compliment qui m'alla au cœur : « Brigadier, me dit-il, tu as été très chic. » Par la suite, il me parut que j'avais beaucoup plus d'autorité sur les hommes, n'étant plus considéré comme un blanc-bec après ce baptême du feu.

Toutes les chances m'arrivaient, car lorsque nous redescendions du champ de bataille vers Niederbronn, le lieutenant-colonel de La Salle, qui avait pris le commandement après la mort du colonel de La Carre, passant près de moi avec le général de Bonnemains, commandant la division, fit remarquer au général mon casque mutilé et me nomma. Le général me félicita d'avoir un pareil trophée. Le colonel ajouta qu'il penserait à moi pour les galons de sous-officier. Quelle joie ! J'étais brigadier depuis à peine quinze jours.

La retraite continuait. Nous étions dans la vallée, près de l'endroit où nous bivouaquions encore le matin, lorsque le cri : « *Les uhlans !* » fit arrêter la queue de la colonne. Sur la hauteur, à environ quatre cents mètres en arrière de nous, paraissaient les uhlans, qui nous envoyaient quelques coups de fusil. Un groupe d'une centaine d'hommes de toutes armes, qui suivaient la colonne, égarés de leur corps, fit face à l'ennemi ; après quelques décharges bien nourries de la part de cette arrière-garde, les Allemands disparurent.

*
* *

Nous arrivions à Niederbronn, à travers champs et prairies. Un petit pont en bois, que nous traversions, reçut un projectile qui le fit écrouler à moitié. J'avais eu la chance de passer auparavant. La traversée du village encombré fut pénible : les obus tombaient dru, et j'en vis éclater un à l'intérieur d'une maison portant le drapeau d'ambulance et qui était remplie de blessés. A la sortie du village, nous traversions un bois en futaie, lorsque des affolés crièrent : « *Les uhlans !* » Une panique s'empara de quelques-uns, qui partirent au galop au travers de la futaie, d'où il résulta plusieurs accidents. A la sortie du bois, l'ordre reprit. La nuit venait, nous cherchions le long de la route un morceau de pain, il n'y avait rien ; les villages que nous traversions avaient vu passer ceux qui retraitaient devant nous, affamés également. De temps en temps, un coup de fusil, malgré la défense : c'était un chapardeur qui avait tiré sur une poule et qui s'empressait de la faire disparaître pour l'étape prochaine.

Vers dix heures du soir, on fit halte et l'on mit un instant pied à terre. On fit l'appel ; et chacun de répondre au nom d'un absent : tué, blessé ou disparu, sans pouvoir donner un renseignement précis. Les rangs étaient éclaircis ; mais beaucoup de manquants se retrouvèrent plus tard, qui blessés, qui isolés, pendant le tourbillon de la charge. On retrouva des cuirassiers à Lunéville et un bien plus grand nombre au camp de Châlons, où se fit une concentration des isolés. Quelques-uns furent à Strasbourg.

7 août, Saverne.

L'on se remit en marche dans la nuit noire.

A quatre heures du matin, le 7 août, nous arrivions à Saverne. Nous reprîmes le bivouac, là où il avait été établi le 4. Depuis environ vingt heures, nous étions à cheval ; les hommes et les chevaux n'avaient rien mangé, et ce que l'on avait pu prendre le matin du 6 était bien maigre. J'écrivis à ma famille pour lui donner des nouvelles et après-midi je dormais comme beaucoup d'autres quand des cris me firent lever. C'était le maréchal des logis de Monserand, dont on ignorait le sort, et qui arrivait monté. Son cheval, sans selle, avait à la tête un licol et un bridon ; lui-même avait son casque en tête, ses matelassures sans cuirasses, et sa lame de sabre. Au moment où la charge se buttait contre les houblonnières, pendant qu'on avait fait deux fois peloton à gauche, le cheval de Monserand, affolé, avait filé en ligne droite après le premier mouvement, entraînant son cavalier et passant sous le feu des troupes cachées dans les hou-blonnières. Arrivés sains et saufs à un petit bois, le cheval s'était abattu ; Monserand fit le mort ; il vit défiler toute l'armée allemande et, la nuit venue, s'emparant d'un cheval errant, il quitta ses cuirasses, sauta sur ce cheval et, à force de prudence et de renseignements, parvint à gagner Saverne vers deux heures de l'après-midi. Nous l'enlevâmes de dessus son cheval et le portâmes en triomphe vers la tente du colonel qui s'enquérait de ce bruit.

Après le pansage du soir, j'étais avec quelques brigadiers et sous-officiers, dans une brasserie de Saverne avec l'intention d'y dîner ; j'avais retrouvé là les deux frères de Calvinhac, que j'avais connus à Saumur ; nous regardions trois zouaves, qui jouaient à saut de mouton sur un vieux et paisible cheval blanc en liberté, dans le jardin de la brasserie, lorsque la sonnerie : à cheval, vint nous faire abandonner l'espoir d'un bon dîner.

Il était six heures du soir. La montée de la

côte de Saverne fut longue ; nombreux arrêts, encombrement de troupes de toutes armes. Je revis ces zouaves, qui étaient isolés de leur corps et que nous avions vus jouer à saut de mouton sur un cheval blanc : ils étaient montés à deux sur ce même cheval qu'ils avaient trouvé bon d'emmener. Dans la nuit nous vîmes bien un troupier, suivant tranquillement le flot, à cheval sur une vache. Pendant cette montée du col de Saverne, on apercevait des patrouilles de uhlans de l'autre côté de la vallée. L'alarme avait été donnée à Saverne par le mécanicien d'un train. Comment du haut de ce col de Saverne, qui dominait tout le pays, n'avait-on pas tenté d'arrêter la marche des Allemands, avec de puissantes batteries ?

La nuit vint : on avançait lentement avec de fréquents arrêts : on entendait alors un grand bruit ; c'était un cuirassier endormi qui tombait de cheval ; parfois le cheval s'effondrait aussi. Pour mon compte, je dormis souvent, au point d'être réprimandé par l'officier du peloton, M. Bouli, une fois que mon cheval, livré à lui-même, avait dépassé le sien. Depuis le 4, c'était la troisième nuit que nous passions à cheval ; et celle qui précéda la bataille, j'étais encore en patrouille à deux heures du matin : notre officier de peloton, que nous aimions bien quoique si sévère, en avait fait autant à diverses reprises.

8 août. Sarrebourg et Blamont.

Vers minuit, nous contournons Phalsbourg : quelle différence avec notre passage du 4 août ! Nous mettons, cette nuit-là, onze heures pour faire vingt-huit kilomètres. grâce à l'encombrement de la route ; vers cinq heures du matin, nous reprenions le bivouac de Sarrebourg du 3 août.

Là, rencontre de quelques officiers ou sous-officiers de connaissance et de mon camarade de Saumur, du Bos, dont je devais épouser la cousine germaine, quinze ans plus tard. Nous espérions un peu de repos, ce jour-là ; mais à une heure de l'après-midi, on sonne à cheval et nous partons pour Blamont, où nous arrivons à sept heures du soir par un très mauvais temps. Nous recevons la pluie depuis plusieurs heures. Comme les grands manteaux blancs mouillés sont lourds par-dessus les cuirasses ! Pour comble de malheur, notre bivouac, qui, le 2 août, était sec, se trouvait détrempé, et le terrain très glaiseux.

Ayant trouvé un abri contre la pluie, dans une maison toute proche du bivouac, j'y dormais en compagnie de quelques officiers et camarades, qui sur de la paille, qui sur le carreau, qui sur un banc[1], lorsqu'à deux heures du matin il nous fallut de nouveau partir. Il pleuvait ; les chevaux à la corde avaient voulu se coucher quoique sellés ; aussi trouvai-je le mien dans un piteux état, de gris blanc, il était devenu jaune; la selle et tout le harnachement étaient enduits de terre glaise. Franchescetti était navré d'un pareil équipage. Le pistolet d'arçon, dont chaque cavalier était armé à cette époque, avait dû glisser à terre,

---

1. Bassigny coucha sur un mètre de pierres, avec casque et cuirasses, et son manteau pour se garantir de la pluie.

quand mon cheval se roulait, et être ramassé par un homme de service ; le canon était rempli de terre glaise par-dessus la charge. Quelle triste route jusqu'à Lunéville ! Nous y restâmes vingt-quatre heures dans un quartier de cavalerie sans literie ; nous en étions partis si gais huit jours auparavant !

9 août. Lunéville.

Une partie de la matinée fut employée au nettoyage général. Je fus, pour mon compte, à la rivière — la Vezouse, — tout près du quartier ; armé d'une brosse et de savon, je lavai de mon mieux mon bon cheval ; en campagne, on s'attache encore plus qu'en garnison à sa monture, dont on apprécie mieux les qualités au moment du danger.

Ce jour-là, au rapport, grand plaisir pour moi : je fus détaché, en qualité de secrétaire, auprès du général de Braüer, commandant la deuxième brigade de la division ; je pris mon service le jour même. En quittant mon escadron, où je laissais de bons camarades, j'eus le regret de ne pas conserver Franchescetti. En colonne, je marchais derrière le général, mon service était les distributions pour les hommes et les chevaux de l'état-major de la brigade, ainsi que les bagages : service très doux.

10 août. Bayon.

Le lendemain, 10 août, on partit à une heure normale, faisant route pour Bayon ; mauvais temps, mais en colonne, sans encombrement. A Bayon, en faisant le logement du général et de son officier d'ordonnance, le lieutenant Muller, je trouvai un gîte bien abrité pour coucher et de la paille fraîche.

11-12 août. Colombey-les-Belles.

A Colombey-les-Belles, où l'on fit séjour le 11 et le 12 août, ce fut un vrai repos, dont chacun avait grand besoin ; je pus m'y procurer un lit ; il y avait dix jours que nous couchions par terre ou sur la paille ; rencontrant mon ami Le Turc d'Omont, je lui fis part de ma trouvaille et lui offris de partager ce lit, ce qu'il accepta avec joie ; comme moi, il n'en avait pas usé depuis dix jours. Profitant du séjour et de la liberté que me laissait ma nouvelle fonction, j'écrivis à ma famille, et fus voir, dans les autres régiments de cuirassiers qui étaient avec nous, des officiers de connaissance et des camarades. Au bivouac de 8e et 9e cuirassiers, de la brigade Michel, décimée le 6 août dans la charge de Morsbronn, je trouvai mon vieux camarade Médéric Guiot de la Rochère, maréchal de logis ; son oncle, le colonel Guiot de la Rochère, à qui il me présenta, commandait le 8e cuirassiers ; il m'accueillit avec une extrême bienveillance, et, les yeux pleins de larmes, montrant le bivouac de son régiment, il me dit : « Voilà ce qui me reste de mon pauvre régiment ! »

Il y avait environ cent cinquante hommes ! Allant au 9e cuirassiers pour chercher mon cousin, Louis Dodun de Kéroman, brigadier, que je savais avoir été à Reichshoffen, j'appris que, pendant la charge, voyant tomber le lieutenant-colonel de Beaune grièvement blessé (il mourut de ses blessures), mon cousin avait sauté à bas de cheval pour le sauver et qu'il avait été fait prisonnier avec lui. Je prévins ma famille, le soir même, afin que mon oncle et ma tante fussent informés.

13 août. Neufchâteau.

Tout le monde était bien remis des dures fatigues des jours précédents, lorsque nous quittâmes le bivouac, le 13 août, en route pour Neufchâteau. Nous étions sans nouvelles des Allemands; les bruits les plus contradictoires circulaient : grandes batailles, les Prussiens écrasés, etc., etc. A Neufchâteau, j'eus bien peur d'avoir perdu mon casque mutilé : ayant laissé les bagages du général à la garde du conducteur et m'occupant des distributions, j'avais pris mon képi; lorsque je revins, plus de casque; reproches au conducteur, fort contrarié de la disparition de ce casque dont j'étais fier et qui m'avait valu force compliments. Une heure plus tard, je vis venir un brave bourgeois de Neufchâteau portant mon casque comme une relique. Je l'interpellai vivement sur ce qu'il s'était permis de l'emporter. Le pauvre homme était bien embarrassé, et s'excusant, il me dit : « J'ai trouvé ce casque si beau que j'ai voulu le faire voir à ma famille. » Devant une pareille excuse, il n'y avait pas à garder rancune ; nous nous quittâmes sur une bonne poignée de mains.

14 août. Poissons.

Très mauvaise étape, marche de neuf heures à travers la Champagne pouilleuse, pays très pauvre et peu habité ; mon casque me valut encore des compliments, propres à faire oublier les ennuis de la route. Ayant mal à la tête, et ayant profité de la voiture à bagages du général pour l'y mettre avec la permission de l'officier d'ordonnance, M. Muller, je faisais la route en képi. A une halte, le général de Bonnemains, commandant la division, passa à pied tout le long de la colonne, en inspectant la tenue des hommes ; « arrivé devant moi, il me dit, avec le ton brusque qu'il affectait toujours : « Où est votre casque? — Mon général, j'ai mal à la tête et j'ai demandé la permission de faire la route en képi. — Quand on a un casque comme le vôtre, on le porte, c'est un honneur ! » Je m'empressai d aller le reprendre.

15 août. Saint-Dizier.

La route fut longue et chaude ; chacun fut bien aise d'arriver à Saint-Dizier. Ma place de secrétaire de la brigade me valait quelques agréments ; je pus me procurer un lit ; le général étant souvent logé dans la ville avoisinant le bivouac, j'avais de temps en temps un billet de logement ; d'autres fois, proposant de payer un lit, il m'était offert de bon cœur.

Les nouvelles arrivaient de Metz et d'ailleurs, mais combien grossies et dénaturées ! A croire ce que l'on racontait, nous aurions toujours été vainqueurs, partout ! Hélas ! les étapes se succédaient sans que nous puissions nous rendre un compte exact de ce que nous faisions. Les populations nous accueillaient bien, trop bien· même ; nous étions dans un pays où le vin était abondant et on en offrait trop aux hommes. Ce jour-là, la brigade marchait à la gauche de la colonne ; nous avions déjà vu quelques traînards que des libations trop copieuses empêchaient de suivre. A l'entrée d'un village, des hommes d'un régiment qui nous précédait, cédant aux offres de nombreux habitants, acceptaient les bouteilles qu'on leur tendait. Le général, indigné d'un tel désordre, se porta au-devant d'un groupe d'habitants et défendit que l'on donnât à boire ; un indigène voulut cependant donner une bouteille à un cuirassier ; le général, la lui arrachant des mains, la jeta à terre et resta à voir défiler toute sa brigade pour s'assurer que le désordre ne s'y mettait pas.

16 août. Vassy.

Nous étions tellement ignorants de tout, que, rencontrant M. de Rancougne, lieutenant

de cuirassiers, qui fut plus tard colonel, je lui
dis que je serais bien heureux de savoir ce
que nous faisions depuis le 6 août, et où nous
allions. Il me l'explique sur une carte. Lui
ayant avoué — ce qui était le cas de bien des
hommes — mon ignorance du motif de la
guerre, M. de Rancougne me raconta les
affaires d'Espagne et la candidature Hohen-
zollern.

17 août. Vitry-le-François.

Billet de logement pour une belle maison
paraissant plus cossue que celles pour les-
quelles un brigadier avait d'habitude un billet ; je suis reçu par une vieille dame de très
bonnes manières et coiffée d'un élégant bon-
net de dentelles. Je me félicitais du bon gîte,
lorsque la bonne dame me dit : « Il y a jus-
tement une chambre de domestique libre, et
les miens mangent à telle heure. » Comme
j'avais pris rendez-vous avec des camarades
pour déjeuner, je remerciai mon hôtesse, lui
disant que je comptais déjeuner à l'hôtel :
elle me regarda étonnée. Quand je revins à

mon logement, la chambre très confortable que l'on me donna me prouva que l'on avait changé d'avis.

18 août. Châlons-sur-Marne.

A l'hôtel où devait loger le général de Braüer, la *Cloche-d'Or* (je crois), attendant sur une borne, en fumant ma pipe, que le général eût fini de déjeuner, mon brave Héros, que je tenais la bride au bras, trouvait comme moi le temps bien long. Une dame et deux messieurs, portant le brassard de la Croix de Genève, vinrent à moi et, voyant mon casque et les traces de balles sur mes cuirasses, me firent des questions, demandant des détails sur la bataille de Reichshoffen. Je ne pouvais guère leur raconter que le peu que j'avais vu par moi-même. Après quelques minutes de conversation, un de ces Messieurs me glissa dans la main une pièce de cinq francs ; je la lui rendis, en lui disant : « Merci, Monsieur, vous trouverez, je pense, à l'employer mieux auprès de plus nécessiteux. » Il me regarda étonné ; mais je fus gratifié d'une cordiale poignée de main de la dame et de ses deux compagnons. Cela valait bien la pièce de cent sous.

J'avais espéré trouver à Châlons des lettres et de l'argent ; il n'y avait rien ; j'en fus quitte pour déjeuner d'un morceau de pain sec acheté avec le très peu de sous qui me restaient en poche. Fini pour de longs mois de coucher dans un lit. A Châlons j'ai rencontré d'anciens camarades de collège, nommés sous-lieutenants comme ayant été admissibles à Saint-Cyr. Je regrettai, alors, moi simple brigadier, d'avoir tant insisté pour m'engager au lieu de travailler pour Saint-Cyr.

19 août. Au camp de Châlons.

Reçu enfin quelques nouvelles des miens : j'appris que mon oncle, le comte Henri Dodun de Kéroman, frère de ma mère, était au camp de Châlons. Ayant servi autrefois et ayant quitté avec le grade de maréchal des logis, il avait, bien que marié et père de famille, repris du service avec son grade à la déclaration de la guerre ; son cousin, le général de Salignac-Fénelon, qui commandait une division de cavalerie, l'avait pris comme porte-fanion. Appris aussi que mon cousin germain, William Dodun de Kéroman, qui venait de s'engager dans l'infanterie de marine, était également au camp de Châlons. Je me mis à leur recherche : ma situation auprès du général me laissait assez de liberté. Je trouvai William très en train et en bonne santé : caporal à Sedan, il put, à Bazeilles, traverser la Meuse à la nage avec plusieurs de ses hommes, gagner Paris et faire toute la campagne de l'armée de la Loire. Quant à mon oncle, n'ayant pu le joindre, je m'installai dans sa tente; il avait pour lui tout seul une des grandes tentes mises à la disposition du général et de son état-major.

Fatigué d'attendre, je me couchai sur le lit et m'y endormis ; tout d'un coup, je me sentis secoué et interpellé vivement ; c'était mon oncle qui revenait de dîner au Grand Mourmelon avec des amis et qui croyait à un intrus venu s'échouer dans sa tente. Je me levai vivement, et mon oncle, que je n'avais pas revu depuis plusieurs années, me reconnut de suite à ma ressemblance avec ma mère.

Effusions, bavardages, nouvelles échangées de part et d'autre. Comme toujours, mon oncle avait bien fait les choses ; il avait, avec l'autorisation de son général, emmené pour faire campagne deux excellents chevaux de chasse irlandais, sa propriété. Il paya du reste de sa personne : prisonnier de guerre, il s'échappa à Varennes et fut nommé sous-lieutenant ; pris comme officier d'ordonnance par l'amiral Jauréguiberry à l'armée de la Loire, il y gagna les grades de lieutenant et de capitaine pour actions d'éclat. Après la guerre, la commission des grades l'ayant remis sous-lieutenant, il quitta le service. Mon oncle eut la bonté de garnir ma bourse qui était bien à sec.

Le séjour du camp de Châlons se passait en nettoyages et revues de harnachement et d'équipement ; chaque chose fut remise au point. Un certain nombre de cuirassiers de la division, qui, après la bataille de Reichshoffen, s'étaient trouvés isolés, avaient rallié petit à petit au camp de Châlons et rentraient dans les régiments.

Je devais dîner le 21 août avec mon oncle Dodun et William, lorsque j'appris que la division Fénelon avait reçu l'ordre de quitter le camp de Châlons. Le 22 on prévint dans les corps de troupe d'avoir à faire chercher, à la bergerie du quartier impérial, un certain nombre de moutons par corps ; la distribution se fit très abondante, trop même ; ce fut du gaspillage. Les nouvelles qui circulaient étaient mauvaises ; on disait les Allemands très près du camp ; nous nous attendions à partir d'un moment à l'autre ; il me fut donné d'assister à un bien pénible spectacle. D'où était venu l'avis, je l'ignore, que l'on pouvait aller à l'hôpital de Mourmelon y chercher du linge et des objets de pansement ? c'était évidemment en vue de l'évacuation du camp, comme la distribution des moutons. Le fait est que je vis un pillage honteux. Des hommes passaient, emportant des draps, des serviettes en abondance ridicule.

J'ai vu deux cavaliers accompagnant un cheval qui portait sa pleine charge de linge. J'ai vu des troupiers de différents corps aller au quartier inpérial, qui était à l'abandon, et en revenir avec des meubles, fauteuils, chaises, etc. Un lit en bois fut dressé dans une tente.

Le 23 août, nous montions à cheval au tout petit jour; le temps était frais et gris. On disait des patrouilles de uhlans cachées dans tous les bois de sapins qui entouraient le camp. Nous avions l'impression que nous aurions une affaire, dans ces grandes plaines de Châlons; mais les Allemands nous suivaient sans se montrer. A cinq heures du matin, on incendia les immenses approvisionnements de fourrage et la plupart des baraquements; c'était lugubre, et pendant longtemps nous devions voir derrière nous la fumée de ces incendies.

Lorsque nous passâmes devant la poste, un tas immense de lettres étaient jetées dehors; on y mettait le feu dans l'affolement du départ, pour que ces correspondances, qui avaient été concentrées sur le camp et qu'on n'avait eu le temps ni de trier ni de distribuer, ne tombassent pas entre les mains de l'ennemi. L'armée de Mac-Mahon s'étant reformée au camp de Châlons, après Reichshoffen, tout y avait afflué. La pénible impression, en pensant qu'il y avait là des nouvelles de beaucoup des miens dont j'étais privé et peut-être aussi de quelque envoi d'argent qui ne me parvint jamais !

Nous avancions lentement, lorsqu'arriva vers le général de Braüer un vieux militaire, officier en retraite, lui demandant de lui faire restituer des meubles que des soldats avaient emportés de sa maison. En même temps il désignait une voiture de culture, chargée de meubles et de toutes sortes d'objets, entr'autres un grand fauteuil Voltaire, garni en reps rouge. Sur le haut de tout ce chargement était perchée une cantinière. Cette voiture était dans une colonne d'infanterie qui avait arrêté la marche de la cavalerie. Le général donna ordre de restituer les meubles ; la colonne avançant, la nôtre reprit sa marche en avant, et je ne sais ce qu'il advint des meubles de ce brave officier.

23 août. Auberive.

Nous devions bivouaquer le 23 à Auberive, sur la Suippe, lorsque, peu avant d'y arriver, je fus envoyé par le général de Braüer vers le général de Septeuil, commandant une brigade de cavalerie qui formait l'arrière-garde, pour lui communiquer un avis de la division. Au moment où je rejoignais le général de Septeuil, arrivait en sens inverse, c'est-à-dire du camp de Châlons, un cabriolet au galop. C'était le maire de Mourmelon, qui venait informer que les uhlans avaient occupé Mourmelon-le-Petit et Mourmelon-le-Grand aussitôt après le départ de la cavalerie.

Le général me donna l'ordre d'aller en hâte en prévenir le général de Braüer et le général de division, que je trouvai déjeunant à Auberive.

En quittant le général, je rencontrai le colonel de la Salle, qui avait été nommé colonel du régiment au camp de Châlons, et qui m'apprit qu'à cause de ma conduite à Reichshoffen il venait de me nommer maréchal des logis au rapport de ce jour-là. J'avais à peine un mois de grade de brigadier. Je remerciai vivement mon colonel, et fus bien joyeux de cette nomination. Je m'empressai de trouver des galons pour les faire coudre aux manches. Les camarades me firent bon accueil ; mais il y avait d'anciens brigadiers-fourriers et de vieux brigadiers qui devaient penser que ç'aurait dû être leur tour, vu leur ancienneté. J'étais le plus jeune d'âge et de grade du régiment.

La place auprès du général de brigade étant celle d'un brigadier, je le quittai en le remerciant de ses bontés pour moi, ainsi que M. Muller, et repris mon service dans un escadron, le troisième. Depuis la bataille de Reichshoffen, on n'avait pas encore bouché les vides dans les cadres ; je n'avais jamais espéré pareil avancement. Je m'empressai d'écrire cette bonne nouvelle à ma mère.

24 août, Pont-Faverger.

Placé au 4ᵉ peloton du 3ᵉ escadron avec M. de Bizemont comme officier de peloton. Quel changement quand on est maréchal-des-logis! commander à un peloton et avoir sous ses ordres de vieux brigadiers et de vieux soldats, c'est une raison pour montrer plus d'entrain que les autres et être toujours prêt le premier. Nous marchions sans trop savoir où nous allions : les populations n'avaient pas l'air d'être très inquiètes ; cependant tout le monde demandait des renseignements sur les Allemands et nous ne pouvions pas en donner.

25 août, Rethel.

Le 25, bivouac dans un joli endroit proche de Rethel ; mais nous n'avons pas la permission d'y aller ; beaucoup de troupes partout ; il semble que le moment des affaires sérieuses est proche.

26 août. Attigny.

Le 26 août, en approchant d'Attigny, on
entend parler des uhlans; nous nous attendons
à une alerte; mais la journée se passe sans
rien de nouveau. Le 27, en marche sur Vouziers; l'impression est qu'on va au-devant de
graves événements; nous faisons, ce jour-là,
longue reconnaissance, apercevant dans toutes les directions des troupes en mouvement.

27 août. Vouziers.

Nous traversons Vouziers, dont les habitants
paraissent soucieux, puis nous revenons vers
Attigny; on croirait que l'on a voulu faire une
démonstration pour montrer beaucoup de
troupes en marche.

Envoyé avec quatre hommes vers Grivy et
Chardeny. L'ordre est de savoir si l'on a vu
des uhlans dans les environs. En arrivant à
Grivy, que je traverse, j'apprends que les uhlans, qui y étaient une heure plus tôt, se sont
retirés. Poussé jusqu'à Chardeny; même ren-

seignement; je reviens rendre compte. Retour
à Attigny, où nous reprenons le bivouac de la
veille. On réunit les escadrons et on prévient
les hommes de ce qu'ils auront à faire en cas
d'attaque de nuit, en recommandant à chacun
le plus grand calme. Les Allemands n'atta-
quent pas de nuit; ils se contentent de surveiller à distance.

28 août. Tannay.

Le 28 août, mauvais temps; commandé de
service à la division ainsi qu'un camarade de
la 1re brigade. Nous traversons le Chêne-Popu-
leux, où s'arrête le général de Bonnemains. Le
maréchal de Mac-Mahon s'y trouvait avec son
état-major. Mouvement extraordinaire à la
porte de la maison occupée par le maréchal.
Encombrement dans ce grand village. En
attendant le général, j'ai la chance de rencon-
trer mon oncle Henri Dodun de Kéroman,
qui me fait enfouir dans mes sacoches une
bouteille de cognac et me donne un peu d'argent.

Tout le long de l'étape, le général de division faisait marcher devant lui mon camarade du 1er cuirassiers et moi, pour faire faire place à la cavalerie. Nous avions bien du mal, quoique ce fût par ordre du général de division ; toute la route était encombrée d'infanterie, artillerie et convois. Vu le mauvais temps, les champs étaient détrempés ; chacun évitait d'y passer ; on avançait péniblement ; quand la cavalerie allait à travers champs, les bagages ne pouvaient pas suivre. La route fut longue et pénible ; nous arrivâmes enfin à Tannay, très tard.

A tous moments nous avions fait halte et des reconnaissances avaient été envoyées. Mon camarade du 1er cuirassiers et moi eûmes la chance de trouver un abri chez un brave homme habitant à côté de la maison où logeait le général de division. Nous étions affamés ; il n'y avait que des œufs. On nous fit d'abord une omelette de treize œufs ; nous avions tellement faim que l'on nous refit une autre omelette de même importance. Nous avions mis nos chevaux à l'attache dans une grange avec une bonne pitance et nous étions endormis sur une botte de paille, après avoir commencé la nuit sur des tabourets, prêts à la moindre alerte.

La nuit se passa tranquille ; nous étions relevés au départ du bivouac. Dès le jour, je m'occupai de mon cheval ; ce mâtin-là avait cassé sa longe, attiré par un tas d'avoine qui se trouvait dans un coin de la grange, et il en avait mangé une telle quantité que cela l'avait rendu presque fourbu ; il avait les jambes très engorgées et j'en étais fort en peine. Heureusement, l'étape, coupée de nombreux arrêts, fut courte, et bien providentiellement je n'eus pas à aller en reconnaissance ce jour-là. Les Allemands étaient tout près de nous. Vers Stonne, nous fîmes halte ; des escadrons du 7ᵉ chasseurs, commandé par le colonel Thornton, passèrent vivement auprès de nous ; nous vîmes revenir des blessés. Le 7ᵉ chasseurs avait eu un engagement avec des avant-postes allemands.

29 août. Raucourt.

Nous entendions la fusillade et le canon.

Assez tard, le 29 août, nous arrivâmes à Raucourt. On resta longtemps la bride au bras, et ce n'est que fort tard que l'on dressa les tentes. Je cherchai à manger dans Raucourt ; il y avait une telle quantité de monde que j'eus bien du mal à trouver quelque chose. Le lendemain matin, ayant assez mal dormi, la division était prête de bonne heure, les chevaux sellés et à la corde. On entendait le canon du côté de Beaumont ; nous pensions partir à tous moments.

Un régiment de zouaves défila devant notre bivouac ; l'un d'eux demanda du tabac, le maréchal des logis Vacher jeta sa blague qui fut saisie au vol et fit des heureux.

Petit à petit, les ordres ne venant pas, des officiers, des hommes, gravirent une colline élevée, au pied de laquelle était le bivouac ; du sommet, on apercevait la bataille. Longtemps, j'hésitai à monter, craignant de ne pas être prêt si l'on sonnait à cheval. J'ai beaucoup regretté cette hésitation, car des camarades sont restés pendant plus de trois heures assis au sommet de cette colline, ayant à leurs

pieds le champ de bataille de Beaumont ; ils
virent la charge du 5ᵉ cuirassiers, splendide
spectacle ; je regretterai toujours de n'y avoir
pas assisté.

Dans la matinée, l'Empereur était passé à
cheval, sur la route qui bordait notre bivouac.
On se porta à pied au bord de la route. Je vis
l'Empereur de très près, et fus frappé de son
air d'abattement. Il y eut quelques cris de
« *Vive l'Empereur !* », mais, en somme, peu
d'enthousiasme.

Après avoir attendu longtemps, entendant
le bruit de la bataille peu éloignée, nous montons à cheval vers trois heures ; en marche
vers Remilly-sur-Meuse. Nous voyons beaucoup de troupes, puis des blessés, et enfin la
retraite des régiments surpris à Beaumont
et Mouzon. C'était le corps de Failly
(5ᵉ corps) ; un certain désordre, les convois
mêlés avec les troupes en marche, et enfin
des braillards, comme il s'en trouve malheureusement toujours pour crier à la trahi-
son.

La nuit venait comme nous arrivions à la

Meuse. A ce moment, quelques projectiles tombèrent autour de nous.

Le passage de la Meuse s'effectua sur un pont de bateaux, en tenant nos chevaux par la figure ; ils étaient très effrayés du bruit de leurs sabots sur les planches et du mouvement des bateaux en même temps que du clapotis de l'eau. Le bivouac fut établi à la nuit noire, pas bien loin du point de passage et dans les terres ensemencées, entre Remilly et Douzy : pas de distributions.

3o août. Douzy-sous-Sedan.

Le 3o août, nous quittons le bivouac d'assez bonne heure, et, tout en faisant une reconnaissance, nous venons nous établir près de la Meuse assez proche de Sedan ; je n'ai jamais pu retrouver le nom exact de l'emplacement du bivouac. De tous côtés, pendant cette reconnaissance, nous voyons des troupes ; nous traversons des villages, entre autres Bazeilles, et passons devant des habitations dont les habitants, connaissant le pays et plus

au courant que nous des mouvements des
Allemands dans les environs, n'étaient rien
moins que rassurés. Ils offraient tout ce qu'ils
avaient, afin, disaient-ils, que ça ne tombât
pas aux mains des Allemands.

31 août. Bord de la Meuse,
près Floing.

De notre bivouac sous Sedan, nous vîmes,
dans l'après-midi du 30 et toute la journée du
31, des patrouilles allemandes et des troupes
de l'autre côté de la Meuse et sur la hauteur.
Nous nous attendions à quelque chose de
grave. A quatre heures du soir, on sonna à
cheval; nous restons sur place, et, le soir
à huit heures, on établit de nouveau le bivouac.

Etant de service ce jour-là, je devais faire
une ronde vers deux heures du matin dans le
bivouac; le hasard faisait donc que la veille
de chacune des deux grandes batailles auxquelles je devais prendre part, je serais de
service la nuit, au lieu de me reposer comme
les camarades. Par un sous-officier qui avait

été dans Sedan pour le service, je m'étais fait apporter du tabac et du chocolat, qui me rendit service le lendemain ainsi qu'à des camarades. Ce jour-là, ayant remis le prêt aux hommes du peloton, dans ma part il m'était resté de gros sous, enfouis dans la poche gauche de mon pantalon de cheval et qui devaient le lendemain m'être le préservatif d'une blessure qui aurait pu sans cela être grave.

Toute la soirée, on entendit des coups de fusil, affaire d'avant-postes. Pendant que je faisais ma ronde de nuit dans le camp, un coup de canon retentit, en même temps qu'un obus venait tomber près de notre bivouac ; je regardai ma montre : il était près de trois heures un quart. Etant près de la tente du colonel, je pris sur moi de le réveiller et courus à la tente de mon capitaine commandant, capitaine Bilger ; le bruit venait de l'éveiller. Presque aussitôt, très vive fusillade de grand'-garde. On sonne à cheval peu après ; bien entendu, les hommes n'avaient pas plus mangé que les chevaux. On se mit en marche plus tard, avançant lentement, avec de fréquents

arrêts ; le temps s'annonçait comme devant
être beau.

1<sup>er</sup> septembre. Bataille de Sedan.

Nous mîmes pied à terre dans un petit val-
lonnement, à peu près abrités dans les fonds
de Cazal. Deux escadrons avaient été envoyés
en reconnaissance. La bataille était enga-
gée. De toutes parts, des quantités de projectiles passaient par-dessus nous ; quelques-uns
atteignaient la division des cuirassiers. Je vis
le commandant Codieu, qui venait de la garde
et portait encore ses cuirasses à boutons
dorés, montrer un grand sang-froid. Il commandait le demi-régiment dont je faisais partie ; le commandant fumait une cigarette :
elle fut enlevée par un projectile ; avec un
calme imperturbable, il en prit une autre et
l'alluma sans qu'un geste de sa part trahît la
moindre émotion. Les hommes assez proches
pour voir ce léger incident en furent favora-
blement impressionnés.

Peu après, un obus vint frapper le maréchal

des logis Boucharelle ; il fut jeté à terre ainsi que son cheval, tous les deux affreusement mutilés, lui, gisant sous son cheval qui avait le ventre ouvert et brûlant.

Nous restions toujours dans notre ravin. Le général de Braüer, qui connaissait parfaitement le pays, ne pouvait admettre l'inaction de la division des cuirassiers dans ce ravin.

— Le soir de la bataille, — je tiens cela des camarades Mersan et Vacher, — le général de Braüer fut vu par eux, dans une écurie du quartier de cavalerie de Sedan, pleurant. Il avait refusé de se rendre à l'hôtel de la *Boule-d'Or* avec les autres généraux. Un cavalier du 3ᵉ cuirassiers, Clément, avait trouvé un poulet, alors que tout le monde crevait de faim ; il l'offrit à Vacher, qui le prit pour l'offrir au général ; celui-ci le refusa, les yeux baignés de larmes, du chagrin d'une telle défaite et de l'émotion que lui causait le dévouement de ces braves gens. —

Sur une élévation à notre droite, il y avait la maison d'un tisserand ; près de là, deux religieuses et un prêtre ramassaient des blessés sous la mitraille et leur prodiguaient des secours. Je sus plus tard que ce brave prêtre était l'abbé Lanusse, aumônier militaire, qui avait déjà bien des campagnes à son actif et qui fut, après la guerre, nommé aumônier de Saint-Cyr. La croix de la Légion d'honneur, qu'il portait sur sa soutane, lui fut ce jour-là arrachée par un éclat d'obus et mutilée ; il la portait encore après la guerre, ayant pu la ramasser, ce que je lui avais vu faire et lui ai rappelé plus tard.

Un très mauvais sujet de mon escadron, le seul, je pense, de tout le régiment, eut dans cette matinée un mot scandaleux à la bouche, disant que si les balles prussiennes ne réglaient pas les comptes, des balles françaises pourraient le faire. Mon officier de peloton, M. de Bizemont, rendit compte de ce propos au capitaine, qui en rendit compte lui-même au commandant Codieu. Le commandant flétrit devant tout l'escadron cet ignoble propos, et me dit : « Maréchal des logis, faites placer cet homme à côté de vous, et si vous le voyez broncher et vouloir faire un mauvais coup, n'hésitez pas. » Je fis changer de place cette mauvaise tête et le fis mettre à côté de moi, et lui dis, devant tous les camarades, que je n'hésiterais pas à lui brûler la cervelle s'il bronchait. Quand le régiment fut en mouvement sur le plateau, au milieu d'un feu effrayant, cet homme était blême et n'avait pas envie d'exécuter sa menace fanfaronne.

La batterie vint pour prendre position sur la crête derrière laquelle la division était en partie abritée. Le terrain était mou et la terre très abrupte ; c'était merveille de voir l'entrain des braves artilleurs pour arriver à faire grimper les pièces. On fit mettre pied à terre à beaucoup de cuirassiers qui poussèrent aux roues.

La situation de cette batterie sur notre gauche immédiate nous valut pas mal de projectiles qui blessèrent ou tuèrent quelques cuirassiers.

Nous avançons enfin et nous voici montés sur le plateau. Quel bruit et quel feu ! de tous côtés ça claquait. Pas bien loin de nous, un violent combat près d'un bois ; les mitrailleuses fonctionnaient dur. De quelque côté que l'on regardât, on apercevait la fumée des batteries qui nous entouraient et dont le feu convergeait sur ce plateau. On apercevait de loin des projectiles décrivant dans l'air leur trajectoire, et l'on se demandait où cela tomberait. Ce que j'ai vu là de plus beau, c'est la division de cuirassiers marchant en ordre et manœuvrant comme si on avait été sur un terrain d'exercices : je fus absolument saisi de ce spectacle sous le feu si intense. A un moment seulement où le feu était plus violent, si possible, il y eut un flottement dans la première brigade. Le général Girard, qui la commandait, se porta au-devant au galop et tout rentra dans l'ordre. Le général Girard mourut dans Sedan, asphyxié par les gaz d'un projectile éclaté auprès de lui.

Au moment où nous montions sur le plateau, je pus serrer la main de mon oncle, qui passait, suivant son général.

Nous voici près des glacis de la ville de Sedan ; le terrain était coupé de jardins, bocquetaux, haies, etc... Les rangs se rompirent ;

pour ma part, j'eus à franchir avec mon cheval un contre-bas sérieux. On voyait dans les fossés de la place beaucoup de soldats cherchant un abri contre la mitraille et voulant entrer dans la ville par les poternes.

Nous arrivons à la porte de Sedan qui s'ouvre sur la route de Floing ; me trouvant auprès du capitaine Mangon de la Lande et de l'intendant Séligmann-Luî, tous deux de l'état-major de la division de Bonnemains, je partageai avec eux ce qui me restait de chocolat : nous étions affamés. Il était environ trois heures et demie ; à l'entrée du pont-levis on s'écrasait pour entrer, pensant être à couvert dans la place.

Charge du commandant Cugnon d'Alincourt,
avec un escadron du 1<sup>er</sup> Cuirassiers et le
4<sup>e</sup> escadron du 3<sup>e</sup> Cuirassiers.
4 h. du soir

Je faisais partie du quatrième peloton du troisième escadron, qui déjà entrait dans la ville, lorsque, entendant sonner le ralliement et la charge, je fis demi-tour, entraînant avéc moi ceux de mon peloton qui n'étaient pas encore sur le pont-levis. A l'entrée de la route, quelques officiers de divers régiments rassemblaient des cuirassiers et des hommes de toutes armes : il y avait un escadron du 1er cuirassiers et le 4e escadron du 3e cuirassiers commandé par le capitaine Fuchey. L'intention était de se faire jour par la route de Mézières en traversant Floing. L'intendant Séligmann-Luî, auprès de qui je me trouvais à cet instant, me dit : « Je n'ai pas d'éperons et mon cheval ne veut plus avancer. — Monsieur l'intendant, lui dis-je, en arrachant de mon paquetage mon bâton de tente, prenez ce bâton et bûchez sur votre cheval. » Ce brave intendant chargea, mon bâton de tente à la main [1].

Nous avions dû partir environ cinq cents ; combien sont restés en route ! Le hasard me fit me trouver en tête. Un zouave et un tirailleur algérien, qui étaient grimpés sur des che-

---

[1]. Dans son tableau, représentant cette charge, Claris a placé l'intendant Séligmann-Luî chargeant, mon piquet de tente à la main.

vaux, se détachèrent en avant : à un tournant
de la route, deux Allemands nous couchaient
en joue, tenant le milieu ; ce zouave et ce tirailleur, arrêtant leurs chevaux après avoir essuyé
le feu des deux Allemands, sautent à terre et
à la baïonnette !

La charge continue. Les maisons à droite et
à gauche étaient occupées ; de toutes parts, on
tirait sur nous à bout portant. Comme le matin j'avais dit une prière et un acte de contrition, je le fis de nouveau, et c'était bien le
moment. Je possédais un revolver que mon
père m'avait acheté au début de la campagne,
car ce n'était pas d'ordonnance. A un moment,
mon camarade Dommartin était à ma gauche,
légèrement en avant de moi ; il passait devant
la porte d'une maison : je vis là un Prussien
qui allait tirer sur lui et lui envoyai un coup
de revolver qui le fit chanceler. Un instant
après, Dommartin me rendit un service ana-
logue avec son sabre. Je tirai les six coups de
mon revolver presque à bout portant, et je
crois bien que trois coups ont porté.

Brusquement, le capitaine Mangon de La

Lande, qui était proche de moi et sans coiffure, se jeta de côté et galopa vers la Meuse,
dans une prairie ; il tomba devant escadron
des hussards de la mort qui se trouvait là, et
fut tué. Je venais de voir tomber aussi un bon
camarade, Blard, maréchal des logis, qui fut
tué.

Bousculade épouvantable : je roule à terre
avec mon cheval qui est blessé à l'épaule et à
l'encolure, et me trouve sous les roues d'une
voiture. Les Allemands avaient fait en travers
de la route une barricade avec des voitures et
des charrettes. C'est là-dessus qu'aboutit notre
charge. La courroie avec laquelle j'avais
attaché mon revolver s'était rompue ; je cherchais à attraper mon arme que je voyais à
terre, lorsqu'une nouvelle bousculade me rejeta
contre le mur. Un cheval, portant une selle
de général, était arrêté entre le mur et une
voiture de la barricade. Je voulus chercher à
grimper dessus en montant sur mon cheval
qui gisait à terre ; je ne pouvais arriver qu'à
genoux sur la croupe ; il se débattit, et heureusement pour moi me rejeta à terre ; il passa,

mais en arrachant la selle qu'il portait ; si j'avais pu me mettre sur son dos, j'aurais eu les jambes broyées.

Une nouvelle poussée — tout cela en moins de temps qu'il ne faut pour le raconter — me rejeta en avant de la barricade en partie défoncée. Saisissant à la bride un cheval quelconque, j'allais tâcher de monter dessus, quoiqu'empêtré de ma lame de sabre, pendue au poignet, et du poids de mes cuirasses, lorsqu'une balle, morte heureusement, me frappant sur le biceps du bras gauche, me fit lâcher les crins. De suite je fus appréhendé par deux Allemands, ils m'arrachèrent mes cuirasses ; mon pauvre casque dont j'étais si fier était tombé dans toute cette mêlée ; j'en eus un vrai chagrin.

La Providence me favorisait ; car, atteint par un projectile à la jambe gauche, les gros sous, qui me restaient après avoir fait le prêt la veille, amortirent le choc. Je me ressentis longtemps de cette contusion, mais je ne fus pas blessé. Au moment où je fus pris, je glissai dans ma botte ma fameuse bague et un louis qui me restait, qui sans cela fussent devenus la proie des Allemands rapaces, qui nous fouillaient et qui me prirent même un petit couteau de poche.

On entendit une forte voix criant : « Hourrah! » : c'était le brave capitaine Fuchey, dont le cheval avait grimpé par-dessus tout le tas et qui franchissait de l'autre côté. Le brave Fuchey était splendide, un géant, le sabre haut; il tomba, peu après, blessé à la hanche, et fut ramené à une petite maison dont la grille du jardin bordait la route, et sur laquelle flottait le drapeau d'ambulance.

Nous étions là, tout un groupe de prisonniers, Dommartin, Laymond, Puissec, Parent et moi, tous sous-officiers du 3ᵉ cuirassiers. Le brigadier-fourrier Bassigny venait d'être sérieusement blessé, ainsi que Belœil, maréchal des logis au 1ᵉʳ cuirassiers. Bassigny dut la vie à un officier prussien, qui empêcha un Allemand de l'achever d'un coup de fusil; il était sous son cheval tué. A cet officier qui lui demandait ce qu'il pouvait faire pour lui, Bassigny répondit : « Mettez-moi dans le fossé, pour voir passer la charge! »

Le capitaine Fuchey sortait de l'ambulance, tirant la jambe après un pansement sommaire ; un cuirassier sur lequel il s'appuyait portait ses cuirasses ; ses matelassures étaient ouvertes et elles laissaient voir sa croix de la Légion d'honneur. Bien que blessé, il tendit la main à un officier allemand, faisant cet acte de bonne camaraderie après la bataille ; ce grossier Allemand, au lieu de comprendre la délicatesse de ce geste, se détourna et cracha par terre d'un air de mépris. Le capitaine Fuchey me rappelait après la guerre que j'avais dit alors : « Ça nous promet du bon temps[1] ! »

Au même moment, une brute allemande

---

1. Parallèle russo-japonais et allemand. — Entrevue du général Nogi et du général Stœssel, après la reddition de Port-Arthur :

Le général Nogi prit le premier la parole : « Nous venons de nous battre, dit-il, et nous avons dû y mettre tout notre courage ; mais maintenant, nous jouissons d'une trève et rien ne nous empêche d'en profiter pour nous voir en bons camarades et amis.

— Oui, répondit Stœssel, les sentiments de colère s'évanouissent avec la cessation des hostilités, et notre cœur s'ouvre volontiers à des sentiments d'amitié. »

(*Journal de route d'un officier d'état-major pendant la guerre russo-japonaise,* lieutenant-général Sir Ian Hamilton, traduit en français par le lieutenant Verdet, t. II, p. 295.)

porta la main à la poitrine du capitaine Fuchey pour lui arracher sa croix ; le capitaine le repoussa du bras. Alors un colonel allemand, poussant son cheval en avant, appliqua un formidable coup d'une cravache qu'il portait à la main sur la face de ce soldat ; puis, la main à la casquette, il fit des excuses au capitaine Fuchey.

5 heures du soir : à la filature de Saint-Albert.

Les Allemands emmenèrent tous les prisonniers faits à cet endroit, dans une prairie à Saint-Albert. Nous en trouvons là d'autres et parmi eux des officiers de ma connaissance, qui me disent de rester avec eux, entre autres : Henri de Montenon, si brillant cavalier, sous-lieutenant au 1er cuirassiers ; l'intendant Séligmann ; de la Moussaye, lieutenant aux chasseurs d'Afrique, qui avait une barbe énorme, et fumait tranquillement sa pipe, pendant qu'on lui pansait l'épaule, dans laquelle il avait reçu un projectile. Le chirurgien me pria de soutenir le bras de M. de La Moussaye pendant ce pansement. Laymond, maréchal des logis chef ; Dommartin , Parent, Puissec, maréchaux des logis au 3ᵉ, étaient là aussi ; Bassigny blessé, était à l'ambulance. Un officier de uhlans, jeune et d'une tenue des plus soignée et élégante, laquelle contrastait fort avec nos uniformes sales et plus ou moins en loques, remit un bloc-notes à un officier en lui disant que ceux qui voulaient écrire à leur famille devaient le faire, et qu'il assurait que cette correspondance serait envoyée. J'écrivis quelques lignes à ma mère pour lui dire la bataille, que j'étais prisonnier avec seulement quelques égratignures, et en bonne santé. Cette lettre ne parvint à mes parents que le 6 octobre, et je la conserve précieusement.

Pendant ce temps nous entendions encore la fusillade et quelques coups de canon en décroissance, et nous ne pouvions nous procurer quoi que ce soit à manger. On nous forma en colonne vers cinq heures ; tous les cavaliers essayèrent de se grouper ensemble. Mon camarade Parent, maréchal des logis, me prévint qu'à la première occasion il s'évaderait. J'étais bien résolu à en faire autant, et nous ne nous quittâmes pas. Ce soir-là, il n'y avait pas à y songer ; pendant la route jusqu'à Donchery, nous étions trop bien encadrés et gardés. A la nuit, nous arrivâmes à Donchéry ; le général Pellé, commandant une division d'infanterie et fait lui aussi prisonnier sur le champ de bataille, était à cheval en tête de notre colonne ; nous l'encadrions.

Un général allemand s'avançait au-devant de la colonne ; nous entendîmes le général Pellé lui dire : « Ces hommes n'ont rien mangé depuis vingt-quatre heures, pouvez-vous leur faire donner quelque nourriture ? — Général, répondit l'officier allemand, on fera ce qu'on pourra ; mais il vient d'arriver 25.000 hommes sur lesquels nous ne comptions pas et les vivres sont rares[1]. » On parqua les prisonniers, sous une forte garde, dans

---

1. La *Revue d'Histoire*, publiée à l'état-major de l'armée, invoque le témoignage de *Choses Vues*, à la fin du récit de la bataille de Sedan (décembre 1906, n° 76, page 636).

Le lieutenant-colonel Ernest Picard invoque le même témoignage dans son remarquable travail sur Sedan, « Derniers efforts » (*Revue de Paris*, 1ᵉʳ septembre 1909).

les champs labourés où pour toute nourriture les hommes étaient libres de gratter la terre pour y trouver des pommes de terre ou autre chose; avec quelques camarades, nous nous glissâmes dans la gare aux marchandises avec des officiers et y passâmes la nuit à l'abri. Il y avait là des pièces de vin : nous en défonçâmes une, afin d'avoir de quoi nous réconforter à défaut de vivres. On entendait des chants joyeux chez nos vainqueurs dans Donchery.

*
* *

2 septembre. Donchery.

Le lendemain, 2 septembre, les Allemands dressèrent la liste des officiers et mirent les sous-officiers avec la troupe ; la quantité déjà considérable de prisonniers, faits sur le champ de bataille, étaient en plein champ, mourant de faim et les vêtements bien délabrés. Pour mon compte, je n'avais plus de coiffure ; car, ayant perdu mon cheval quand je fus fait prisonnier, je n'avais pu prendre mon képi. Avec un bout d'une ceinture de flanelle rouge que j'avais enroulée autour du corps, je me fis une sorte de calotte. Mon pantalon de cheval avait eu une basane arrachée à un genou dans ma chute, et, pour comble de malheur, j'avais aux pieds des bottes percées et à talons éculés; je n'avais changé de rien depuis huit jours, et n'avais pu me laver depuis le 29 à Raucourt.

Je trouvai le moyen d'écrire quelques lignes à ma mère pendant que nous étions encore sous la gare aux marchandises ; cette lettre lui parvint bien tard, comme le petit mot écrit la veille. Avant midi, on distribua un biscuit par homme, et on nous donna, dans des seaux en fer-blanc, un horrible mélange d'affreux schnaps (eau-de-vie de grains) avec de l'eau. Depuis le 31 au soir, je n'avais mangé qu'un biscuit bien dur, mais avec des dents de dix-neuf ans.

Dans l'après-midi, vers une heure, on nous forma en colonne, et en route ! fortement encadrés. Nous étions commandés par un grand et gros Prussien, qui montait un tout jeune cheval réquisitionné ou volé. Le pauvre cheval ne savait ce que lui demandait ce gros capitaine de la Landwehr, qui ne savait le conduire qu'à coups d'un gros bâton. Nous souhaitions de le voir jeter à terre ; il était, du reste, parfaitement pochard et ça paraissait être son état habituel. On nous fit marcher pendant environ quatorze heures, la plupart du temps à travers bois ; l'un de nous restait-il en arrière, les coups de crosse ou les coups de pied étaient les procédés employés par les brutes qui nous escortaient, pour encourager la marche. Pour mon compte, j'étais éreinté. Le projectile, qui avait frappé heureusement sur les sous que j'avais dans la poche gauche de mon pantalon, m'avait fait une forte contusion qui me gênait pour marcher. J'avais déjà reçu quelques bourrades, lorsqu'un sergent allemand compatissant, et en raison sans doute de mes galons de sous-officier, me fit monter sur une de ces grandes voitures alsaciennes qui suivaient le convoi. J'y trouvai plusieurs hommes blessés ou fatigués, et je dormis une partie de la nuit. Il y avait là un homme qui s'était procuré pas mal de pain, qu'il gardait jalousement dans une musette. Pour rien au monde, il ne voulut se dessaisir d'un seul morceau.

3 septembre. Buzancy.

Nous n'en avions pas fini avec la fusillade ; la colonne encore en marche au petit jour, je fus éveillé par des cris et des coups de fusil. Notre escorte, voyant devant elle une troupe en bivouac, qu'elle n'avait pas reconnue, se figurait être en face de Français des corps de Metz. Ceux-ci, de leur côté, croyaient avoir affaire à des Français, et ce n'était, hélas! que trop vrai, mais à des Français sans armes et encadrés par une escorte bien armée, d'infanterie et de cavalerie. Coups de fusil de part et d'autre, ce furent les premiers prisonniers qui en pâtirent.

Beaucoup, profitant de l'affolement, cherchèrent à s'évader. Quelques-uns furent tués ; d'autres se noyèrent dans la Bar. Mon camarade Parent ne manqua pas de filer, ainsi qu'une quinzaine de cuirassiers du 3e. Pour moi, la guigne voulut que je me sois trouvé si éreinté qu'on m'avait fait monter sur une voiture, sans quoi j'aurais fait de même et c'était peut-être l'épaulette! Au moment de cette rencontre, les cavaliers et fantassins allemands se sauvaient en criant : « Französe! Französe! » et vinrent bravement se masser derrière les voitures ; impossible de me sauver ; j'aurais été fusillé à bout portant.

Ce jour-là, un malheureux cuirassier fut trouvé mort de faim et d'épuisement. On distribua à manger ; mais si peu que beaucoup ne reçurent presque rien, et je fus du nombre, avec d'autres camarades qui craignaient comme moi qu'on ne les laissât pas remonter sur les voitures.

A une heure de l'après-midi, on nous remit en route, presque toujours par les bois ; il pleuvait beaucoup, la marche était très pénible : le capitaine prussien avait fait descendre de voiture presque tout le monde, moi compris. Constamment, nous trouvions dans les bois des traces de bivouacs ; les Allemands, qui se gardaient bien mieux que nous, bivouaquaient toujours à l'abri dans les bois, nous suivant depuis le début de la campagne, sans que nous les voyions jamais.

4 septembre. Varennes.

Vers dix ou onze heures du soir, le 3 septembre, nous arrivions, trempés et très fatigués, à Varennes.

Une partie des prisonniers fut mise dans l'église, et j'eus la bonne fortune d'être de ce nombre. Des personnes charitables et des bonnes Sœurs nous apportèrent du bouillon et à manger ; je pus m'étendre sur un banc et m'y endormis tout trempé et épuisé. Au matin, les Allemands désignèrent plusieurs sous-officiers (moi du nombre) pour distribuer à manger aux prisonniers, qui se jetaient avidement sur tout et étaient cause que beaucoup de vivres furent gaspillés ; on avait bien faim.

J'eus, avec mes camarades, à sortir deux fois de l'église pour aller chercher des paniers pleins, dans une maison en face, où des habitants de Varennes donnaient à manger pour les prisonniers. Pourquoi n'ai-je pas eu à ce moment, qui était unique, l'idée de demander une blouse et de m'évader ainsi ? J'étais très occupé de mes hommes, et l'idée ne m'en vint pas. Plus tard, j'appris que c'était à Varennes que mon oncle Dodun s'était évadé, déguisé en gardeur de bestiaux.

Vers neuf heures, on nous fit sortir de l'église et rejoindre dans les champs les pauvres camarades, qui, moins heureux que ceux en tête de colonne, y avaient passé une bien pénible nuit. Nous reprenons la marche vers dix heures du matin, sans savoir quelle est notre destination : toujours des bourrades et des coups de crosse pour les retardataires ; nous étions le premier convoi des 80.000 prisonniers, mais nous ne savions pas cela, car nous ignorions encore la capitulation de Sedan. A une heure, halte. A trois heures, *Ouf ! ouf ! Vorwaerts !* nous marchons jusqu'à sept heures ; notre espoir était de coucher encore dans l'église en arrivant à l'étape ; mais ce fut en plein champ que l'on nous arrêta, à l'entrée d'Auxeville : il fallut dormir sur la terre détrempée.

5 septembre. Auxeville (Saint-Mihiel).

Nous n'avions guère eu à manger jusque-là que ce que la charité des habitants des villages que nous traversions voulait ou pouvait nous donner, après que les Prussiens avaient pris de force tout ce qui leur convenait.

Le lendemain matin, de bonne heure, on distribua un peu de pain et un peu de viande. Quatre sous-officiers et moi, nous fûmes bien imprudents. Une brave femme nous avait offert de nous faire cuire notre viande, en nous faisant une soupe. Voilà que l'on donne le signal du départ avant que nous ayons cette soupe, qui se faisait dans une maison toute proche ; il nous fallut presque jeûner. La pauvre femme nous appelait, affolée ; on lui cria de manger tout ; peut être y avait-il longtemps qu'elle n'avait eu pareille ration. Grâce à mon dernier louis, j'avais pu acheter quatre litres de vin pour nous cinq ; nous mangeâmes notre pain en marchant, en l'arrosant de vin ; il y en avait certainement de plus malheureux que nous.

Partis d'Auxeville vers huit heures et demie, nous faisons une étape de près de onze heures, avec deux heures de halte à Saint-Mihiel.

Le 3ᵉ cuirassiers avait été en garnison dans cette ville, il n'y avait pas très longtemps. Des camarades furent reconnus : on fut très bon pour nous. En route, je vis un soldat allemand qui sortait d'une musette crasseuse un morceau de lard salé et du pain couleur d'ardoise et mouillé ; la ration bien maigre du matin ne m'avait pas rassasié ; je lui offris de l'argent pour qu'il me donnât de sa pitance ; il le refusa et me donna un peu de ce pain et de ce lard. Je les mangeai gloutonnement, n'ayant jamais pensé trouver si bon le lard cru ; et je l'aurais, je crois bien, embrassé pour en avoir encore.

A Saint-Mihiel, les habitants avaient préparé de la soupe. Quel bonheur d'avaler quelque chose de chaud ! Les Allemands prenaient pour eux une grande partie de ce que ces braves gens et les bonnes Sœurs nous offraient de si bon cœur. A notre départ, les trottoirs étaient bordés de tous les habitants, qui donnaient des fruits, du tabac, du linge, etc… Nous avons vu là un Allemand s'approcher d'un groupe, formé d'une mère et de ses enfants qui avaient deux seaux pleins d'eau pour nous donner à boire; cet Allemand voulait remplir un bidon : la femme et les enfants renversèrent l'eau à terre plutôt que de lui en laisser prendre une goutte. Nous avons vu aussi de bien jolis yeux rougis par les larmes : ces pauvres habitants de Saint-Mihiel, si charitables, ne se doutaient pas de la multitude de prisonniers qu'ils verraient passer après nous. Après environ deux heures de halte, on nous remit en marche, encore mouillés de la pluie du matin ; ce fut bien autre chose dans l'après-midi. Orage, tonnerre, éclairs et déluge.

6 septembre. Pierrefites.

Nous marchions, tous les cavaliers groupés ensemble, et ce jour-là nous tenions la tête de la colonne; c'était pour nous un gros avantage, parce que nous réglions l'allure, et la gauche s'allongeant toujours un peu, il était bien plus fatigant de s'y trouver.

7 septembre. Bougouville.

En arrivant à Bougouville, à la nuit, nous vîmes le portail de l'église grand ouvert, ce qui nous réjouit, à l'idée d'y coucher. Un tas de paille était à l'entrée, ce fut à qui de nous en prendrait une botte, et nous envahîmes de suite le chœur, de façon à restés groupés ; la paille fut étendue. Voulant retirer les bottes archi-trempées que j'avais aux pieds depuis huit jours, j'y arrivai à grand'peine, en m'aidant des barreaux de la grille du chœur en guise de tire-bottes ; une bonne et excellente Sœur m'offrit de me faire sécher mes bottes. Je crois bien ! l'eau coulait en les retournant. Je pus mieux dormir ; mais quand, le lendemain matin, voulant remettre dans ces bottes mes pieds, garnis de chaussettes en dentelles, je ne pus y arriver qu'en les tailladant avec un couteau, et encore ce jour-là elles me firent tellement souffrir que je marchai quelque temps en les tenant à la main ; c'était dur. A huit heures du matin, en avant ! Beau temps,

beau soleil, qui nous sèche ; mais, après une
halte d'une heure, vers midi, la pluie re-
prend.

8 septembre. Pont-à-Mousson.

Après huit heures de marche, nous arrivons
à Pont-à-Mousson. Nous devions, paraît-il,
nous embarquer là en chemin de fer pour
l'Allemagne. On nous dirigeait vers la gare,
quand la rencontre d'un colonne de prisonniers, venus par une autre route, amena de la
confusion ; les colonnes se mêlèrent malgré
les cris et les jurons des Allemands, si bien
que, quand notre tour d'embarquer arriva, il
n'y avait plus de place, et l'on nous fit rétrograder pour nous parquer dans un champ de
boue.

Comme nous allions traverser le passage à
niveau avant la gare, nous vîmes un acte inouï
de brutalité : une femme demandait à tous des
renseignements sur son frère ; aucun de nous
n'était à même de la renseigner. Un officier
allemand se précipita vers cette femme, la
bouscula et la frappa à coups de poing ; ce

que voyant, beaucoup de soldats allemands donnèrent à cette malheureuse, qui un coup de poing, qui un coup de pied, qui un coup de crosse ; l'officier la souffleta comme un lâche !

Un habitant de Pont-à-Mousson, me voyant nu-tête, m'offrit généreusement son chapeau ; il était un peu petit pour moi ; mais je le remerciai de son bon cœur.

Un sergent-major du 5° tirailleurs algériens, Thomas, vint se joindre au groupe formé par les sous-officiers de cuirassiers ; il nous réconforta généreusement avec une bouteille de cognac, qu'il avait pu se procurer, — don ou achat.

A la nuit, avec quelques camarades, nous nous étions glissés sous un hangar destiné à abriter des bestiaux ; mais les Allemands nous en firent déloger, et nous voilà couchés sur la terre détrempée, serrés les uns contre les autres pour nous réchauffer ; nous claquions des dents ; je me sentais tout à fait malade ; sans le secours de deux bons camarades qui me frictionnèrent vigoureusement, et le cognac de Thomas, je crois que j'y serais resté.

9 septembre. **En chemin de fer.**

On nous compte, et nous sommes de nouveau dirigés vers la gare ; on nous empile dans les wagons, et nous devons nous estimer bien heureux d'avoir pris place dans ceux de troisième classe, car plus tard on empila les prisonniers dans des wagons à bestiaux et sur des plates-formes, en plein air, par la pluie et la neige. Le train partit à une vitesse très modérée. Quelle tristesse !! dans chaque compartiment et à chaque portière, un Allemand, son fusil chargé.

Nous traversons ainsi Sarrebourg, Saverne et bien d'autres endroits où nous étions passés joyeux peu auparavant. A Saverne, le train était arrêté à l'entrée de la ville ; quelques maisons bordaient la voie : une jeune fille s'approche de notre wagon arrêté devant sa maison, nous tendant des fruits ; un soldat allemand la repousse de sa crosse de fusil, un autre lui envoie un coup de poing. Toujours la lâcheté !

Nous voici à Haguenau ; nous y étions le 5 août, veille de la bataille de Reichshoffen ; nous y sommes bien reçus. On distribue à chacun du bouillon chaud, de la viande et du pain. Nous passons non loin de Strasbourg, la nuit, et nous entendons le canon, comme nous l'avions entendu le 5 septembre non loin de Verdun. Le passage du Rhin sur le pont de Kehl a lieu de nuit.

Vers neuf heures du matin, nous sommes dans la gare de Stuttgard ; on nous fait descendre ; nous espérions que c'était la fin de notre voyage ; des curieux étaient là, nous examinant ; il y avait certainement des visages anti-prussiens qui nous regardaient. On nous avait fait descendre pour distribuer à chacun un verre de soi-disant punch et un morceau de pain allemand. Nous remontons en chemin de fer, et en route pour Ulm, où nous devions être internés dans les forts pour longtemps.

# DEUXIÈME PARTIE

# EN CAPTIVITÉ

# EN CAPTIVITÉ

10 septembre 1870. Ulm.

Nous arrivons à Ulm, à la nuit, après un long et triste voyage de 36 heures. Dans la gare, sont dressées des tables, dont nous nous approchons par groupes, et nous nous réconfortons debout, avec du pain, de la soupe, du bœuf, du saucisson à l'ail et de la bière : depuis longtemps nous n'avions eu pareil festin.

Nous remontons dans le train, nous demandons où l'on va encore nous conduire, lorsque, vers dix heures, alors que nous sommeillons, on nous fait descendre et nous allons coucher sur de la paille, sous le hall de la gare.

11 septembre.
Campement sur les bords du Danube.

Le lendemain — car, la plupart d'entre nous, nous étions là pour plus de six mois — on nous conduisit chercher chacun un pain (et quel pain ! ! comparé au pain de troupe français) et une botte de paille ; puis nous traversons une partie de la ville et allons camper sous des tentes-abris dans une prairie sur les bords du Danube. L'endroit était joli et le temps très beau ; nous pouvons enfin nous laver, ce qui ne nous était pas arrivé depuis bien des jours, — laver aussi notre chemise

---

1. Suivant une tradition de famille, et par une coïncidence curieuse, je me trouvais prisonnier de guerre là où mon arrière-grand-père maternel avait été interné, en 1805.

Claude-Laurent Dodun, marquis de Kéroman, né en 1770, mort en 1854, était premier secrétaire d'ambassade à Vienne ; il y remplissait les fonctions de Chargé d'affaires ; retenu par les Autrichiens, mon arrière-grand-père fut interné à Ulm, et fut délivré le 27 octobre, lors de la capitulation.

Claude Dodun avait épousé Agathe Le Prestre de Lézonet de Châteaugiron, décédée à Vienne en 1804, qui était fille de René-Joseph Le Prestre de Lézonet, marquis de Châteaugiron, et de Agathe de Trécesson.

et attendre qu'elle sèche pour la remettre ; grand nettoyage qui dura plusieurs jours.

La nuit, le cri guttural et sauvage, qui correspond à notre : « Sentinelle, prenez garde à vous ! » retentit à tout instant. Le Danube me tentait pour chercher à fuir ; on avait établi une « feuillée » auprès de l'eau, et j'avais remarqué là un gros tas de fagots. Si, à la faveur de la nuit, je pouvais, sous prétexte d'aller à la « feuillée », prendre un de ces fagots pour m'abriter dans l'eau, en même temps que pour me servir de bouée, il me serait facile, en descendant le courant, étant très bon nageur, de gagner de grands bois que l'on voyait en aval, et, en suivant le Danube, d'arriver en Autriche.

Mais la « feuillée » était bien gardée ; et le soupçon vint sans doute à nos gardiens que quelques-uns avaient cette idée, car, dès le deuxième jour, défense absolue fut faite d'aller de ce côté-là la nuit, sous peine de recevoir un coup de fusil.

Des Allemands viennent dans la journée, se promener dans le camp, et nous regarder

dans le blanc des yeux, comme des bêtes cu-
rieuses ; cependant, les Wurtemburgeois sont
plutôt bienveillants.

Dès le troisième jour, les zouaves et les
tirailleurs étaient d'une tenue irréprochable,
avec leurs pantalons de toile blancs, leurs
guêtres et turbans blanchis comme pour la
parade, — car, ayant posé leurs sacs à terre
à Reichshoffen pendant la bataille, ils batti-
rent en retraite sans les avoir retrouvés pour
la plupart et n'avaient pas de pantalons de
drap. — Les tirailleurs attiraient surtout
l'attention : c'était risible de voir ces Allemands et surtout ces Allemandes tourner
autour d'eux, à distance, en les regardant avec
effroi. Que de légendes n'avait-on pas racon-
tées sur leur compte ? Ces soi-disant vampires,
qui buvaient le sang de leurs ennemis après
les avoir tués, etc... Des zouaves, très lous-
tics, prenaient plaisir à raconter des blagues
dans un jargon mi-français mi-allemand, et
les grosses « Gretchen » écoutaient bouche
bée.

Nous restâmes dans ce camp les 11, 12, 13,

14, 15 et 16 septembre avec un très beau temps, mais des nuits très fraîches ; nous étions sous la tente-abri avec de la paille et une couverture pour deux.

15 septembre. Fort Koubergue
— Ruff-burg — Montagne des Vaches.

Le 17 au matin, on nous compte, et l'on dirige 400 d'entre nous sur le fort Koubergue inférieur, à environ 100 mètres au-dessus du niveau de la ville et au moins à trois kilomètres de distance. Cette prison était commandée par un capitaine prussien, que nous ne vîmes pas très souvent ; il avait sous ses ordres un lieutenant, chargé de tout le détail du service des prisonniers. C'était également un Prussien, M. Mayer, qui fut toujours très dur, grossier et méchant pour les prisonniers.

Nous étions dans les casemates, avec de la paille sur des lits de camp en planches.

Quelques camarades avaient eu la chance, peut-être parce qu'ils étaient à la queue de la colonne et que les casemates s'étaient trouvées pleines, d'être placés dans un magasin de la cour du fort, où ils avaient beaucoup plus de jour et d'air.

En plus de notre paille, nous avions une couverture par sous-officier ; nous étions ainsi huit dans une casemate, qui ne prenait jour que par une meurtrière, et nous allions nous laver à une pompe dans la cour. Nous mangions dans une grande gamelle, que deux d'entre nous allaient chercher à tour de rôle : le matin, du café très mauvais, dans lequel on cassait du pain ; à dix heures et à cinq heures, une soupe à l'orge ou à toute autre chose, dans laquelle nageaient quelques rares morceaux de lard.

Prenant notre nourriture à une gamelle commune, chacun y puisait à son tour avec une cuiller : c'était peu appétissant, mais il y a moments où l'on n'a pas le droit d'être difficile ! Pour boisson, l'eau du robinet dans la cour.

Les journées étaient longues ; rien à faire, rien à lire, et même difficulté, au début, pour écrire aux siens.

Les Allemands avaient divisé les prisonniers en sections : chaque gradé avait la sienne, avec responsabilité du nettoyage et de la tenue. Notre garde-robe se composait de ce que nous avions sur nous au moment où nous avions été faits prisonniers ; on raccommodait les déchirures comme on pouvait et on s'astiquait quand même. Nous avions pour nous promener la cour du fort, d'où l'on ne voyait rien ; et il était expressément interdit de monter sur les talus. Le dimanche, l'autorité allemande faisait conduire les catholiques et les protestants dans les églises de leurs cultes. J'allai ainsi régulièrement à la messe ; et j'observai combien les Allemands, en général, étaient plus religieux que nous, chacun suivant son culte. Ils avaient conservé la croyance, alors que chez nous bien des gens s'attachaient déjà à la détruire, pour en arriver plus tard à la persécution religieuse et à l'abolition, si c'eût été possible en France, de la Foi catholique, du culte du Drapeau et de la Patrie.

28 septembre.
Première lettre de France.

Après bien des jours d'attente, le 28 septembre, je reçus une lettre de ma mère ; il y avait environ un mois et demi que je n'avais eu de ses nouvelles. J'appris que mon frère Charles, officier dans la mobile de la Vienne, était dans Paris.

Je commençais à me remettre ; car, à la suite de toutes les fatigues, j'avais été pris de violents malaises qui m'avaient beaucoup épuisé : aucun remède et une piètre nourriture. Je reçus quelque argent dont j'avais grand besoin. Le louis qui me restait le jour de la bataille de Sedan nous avait servi entre camarades, et il n'avait pas duré longtemps ! De plus, un mercanti juif, qui tenait une cantine dans le fort, m'avait avancé la maigre somme de cinq francs cinquante centimes, sur ma fameuse bague.

Dès que j'eus des fonds, je voulus, avant tout, rentrer en possession de ce bijou : l'affreux cantinier le portait à son doigt et refu-

ait de le rendre contre mon argent, disant
qu'il lui plaisait et qu'il l'avait acheté. J'allai,
avec un camarade comme témoin, trouver le
capitaine commandant le fort ; il me le fit
restituer contre les 5 fr. 5o, et, en outre, il
gratifia le gargotier d'un coup de pied au bas
des reins. Quelle satisfaction de rentrer, pour
la troisième fois, en possession de cette bague,
qui, depuis lors, ne m'a plus jamais quitté !

1<sup>er</sup> octobre.

Nous apprenons la prise de Strasbourg.
Quelle tristesse !

Les Allemands organisèrent des sorties en
groupes ; des gradés nous menaient par la
ville, nous expliquant ce qu'ils en estimaient
es beautés, dans un charabia amusant. Mais
ce qu'ils nous faisaient surtout voir, c'étaient
les brasseries, dans l'espoir, bien entendu,
que, si nous y entrions, ils y attraperaient
un bock. Ces brasseries étaient meublées de
tables longues, et l'on ne pouvait que rare-
ment s'asseoir sans avoir des voisins. L'u-
sage était, paraît-il, lorsqu'un étranger pre-

nait place, de lui offrir son verre de bière en le mettant devant lui. Un Allemand me fit un jour cette politesse, dont je me souciais fort peu, n'ayant nullement envie de boire dans son verre. Je replaçai donc celui-ci devant lui; mais il me le remit devant moi en grognant; et, comme je le repoussais de nouveau, pour la troisième fois, il recommença en se fâchant : aussi, agacé, prenant le verre, je le jetai par-dessus mon épaule : cris, tapage! nous nous étions tous levés, une dizaine de camarades et moi, regardant les Allemands. Le sergent qui nous escortait nous emmena, et il fit bien, car je crois qu'il y aurait eu bataille; tous mes camarades m'approuvèrent.

Un autre jour, où nous étions quatre dans une brasserie, sortis librement, Le Turc d'O-mont avait tourné sa chaise de trois quarts, pour causer avec nous, qui étions au bout d'une table. Un Allemand se leva, et s'efforça de retourner la chaise de d'Omont, qui la replaça comme auparavant, nouvelle tenta=tive : d'Omont, prenant alors sa chaise à leux mains, la posa à terre en la frappant avec violence, et s'assit en regardant l'Allemand de telle façon qu'il nous laissa tranquilles, tout en grommelant et en crachant lans une énorme pipe de porcelaine.

Dans une de ces brasseries, un monsieur âgé vint un jour causer avec nous. Il nous parla de la France, qu'il connaissait, nous disant que la famille de sa mère avait des parents en Bretagne. Lui ayant appris qu'une partie de ma famille, les Dodun de Kéroman, étaient originaires de ce pays, il me raconta alors qu'il y avait environ vingt ans, il avait rencontré à Ems et à Mayence mon oncle Eugène Dodun de Kéroman, qui était là, m'a-t-il dit, en même temps que lui-même venu pour faire sa cour au duc de Bordeaux. Ce Wurtembergeois, très distingué, se nommait M. de Scherfaustein. Il fut toujours très aimable pour les Français ; et, comme il connaissait tout le monde à Ulm, il s'employa plusieurs fois à l'amélioration du sort des prisonniers dont nous lui signalions le dénuement.

C'était dans une des sorties en groupe que j'avais retrouvé mon camarade et ami Le Turc d'Omont, brigadier-fourrier du 3ᵉ cuirassiers, qui, fait prisonnier dans Sedan, était arrivé à Ulm, bien plus tard que moi. Le Turc d'Omont fut bien surpris de la rencontre, car, au régiment, à Sedan, j'avais été porté comme disparu ou tué. Je sus plus tard que, mon oncle Henri Dodun de Kéroman demandant au colonel ce que j'étais devenu, celui-ci lui avait répondu de n'en rien écrire à ma famille, dans le doute, mais qu'on n'avait pas de renseignements. Le Turc d'Omont avait la chance d'être dans une caserne en ville.

Ulm avait, en dedans de ses fortifications, d'énormes casernes, toutes remplies de prisonniers, de même que les forts. Cette ville est moitié wurtembergeoise, moitié bavaroise, la limite étant formée naturellement par le Danube; la première partie est, de beaucoup, plus agréable que l'autre qui se trouve sur la rive droite du fleuve; elle est mieux bâtie, mais avec certaines vieilles rues très tortueuses et mal pavées. Un boulevard, à l'inté-

rieur des remparts — la Wilhelmstrasse —,
est bordé de maisons nouvelles entourées de
jardins. Elles sont souvent d'aspect peu gra-
cieux, vu leurs fenêtres basses et doubles à
cause du froid. La population y est bienveil-
lante, bien plus que dans la partie bavaroise,
de construction plus récente et où l'on ne
voyait presque que de la brique. Le soldat
bavarois, sous son uniforme bleu clair, paraît
plus lourd et de moins bonne tenue que le
soldat wurtembergeois. Les magasins sont
très ordinaires, partout on vend du tabac
et des cigares. Une grande brasserie, déserte
pendant l'hiver, se trouve dans un jardin
en terrasse sur le Danube, rive gauche : c'est
le rendez-vous joyeux en été.


14 octobre.<br>Carte de sortie.


Reçu dans la matinée l'ordre de me rendre
à la Commandatur accompagné d'un sous-
officier, et demandé par le major Reichstadt,
qui était sous-chef d'état-major. J'étais fort

intrigué de savoir ce qui avait pu motiver cet appel. M. Reichstadt, qui était Wurtembergeois, et qui à ce titre aimait peu les Prussiens, dont son pays supportait mal la domination, s'exprimait facilement en français. Il me fit un très aimable accueil : il m'avait fait appeler, sur le reçu d'une lettre de M. de Spitzberg, aide de camp du roi de Prusse, pour s'enquérir de ma situation. On me croyait blessé, ajouta le major. Je rassurai sur mon sort, ayant eu la chance d'échapper à toute la mitraille. J'eus, un peu plus tard, l'explication de cette sollicitude : Mon oncle, le comte Alexandre de Richemont, était intimement lié avec le comte d'Arnim, ministre de Prusse à Rome, et il était en relations avec une dame d'honneur de la reine Augusta, la princesse Radziwill, née de Castellane. Je reçus, un jour, une lettre du comte de Pourtalès, allemand, qui, de la part du comte d'Arnim, s'informait de ma santé.

Tout cela faisait qu'on s'occupait beaucoup de moi. Que d'embarras pour un maréchal des logis ! Mais, à la faveur de ces recommandations, j'eus l'avantage d'avoir plus de facilité pour demander souvent quelque chose pour des camarades. Le major me remit une carte personnelle, m'autorisant à sortir du fort, tous les jours, de midi à cinq heures du soir. M. Reichstadt s'enquit où habitait ma famille. Sur ma réponse qu'elle demeurait à Poitiers, il me dit alors que la famille de Madame Reichstadt, la famille Gilbert, était d'origine française et que plusieurs de ses membres habitaient précisément Poitiers. Je ne connaissais pas personnellement les Gilbert; mais j'écrivis à ce sujet à mes parents, qui se mirent en rapports avec eux et leur racontèrent ma conversation avec le major.

16 octobre.
Le lieutenant prussien Mayer
entraîne le sergent-major S[1]..... alsacien !
à dénoncer ses compatriotes.

Aussi invraisemblable qu'elle puisse paraî-

---

1. Un journal du soir signalait, il y a quelque temps, un individu du même nom, ayant servi en France, et se livrant à l'espionnage pour le compte d'une nation voisine ? ? ?

tre, je crois devoir signaler, dans tous ses détails, la conduite d'un sergent-major d'infanterie et d'un brigadier de gendarmerie, tous deux Alsaciens d'origine, qui agirent lâchement à l'égard de leurs compatriotes, prisonniers français, en servant les Allemands contre eux. Dans une lettre à mon père, j'écrivais : « On parle d'un Congrès pour le 16 octobre ; est-ce vrai ? — (C'était un des nombreux « canards » que nous entendions chaque jour.) — Si cela était, et que l'on fît, comme on le dit, un échange de prisonniers, j'espère avoir la chance d'en être. Comme j'enverrais alors volontiers un coup de fusil à ces bons Messieurs les Prussiens ; car on ne reformera peut-être pas les cuirassiers, et nous serions armés du fusil. »

Je n'avais pas songé, en écrivant cela, que toutes nos lettres étaient lues avant d'être expédiées. A cet effet, les Allemands avaient confié les fonctions de vaguemestre français, dans le fort, à un sergent-major français-alsacien, S..., du X...ᵉ régiment de ligne ; on lui avait adjoint un brigadier de gendarmerie, également Alsacien. Ils étaient chargés de la surveillance des lettres des prisonniers, et ils avaient eu la lâcheté d'accepter ce rôle. Le brigadier de gendarmerie avait persuadé au capitaine prussien qu'en France il avait autorité sur tous les sous-officiers, et il était le seul gendarme dans le fort. S... et lui étaient, en fait, deux espions et deux traîtres. Un sous-officier allemand leur était adjoint; ils parlaient très bien allemand eux-mêmes.

Or ma lettre fut remise par eux au Prussien Mayer. On sonna l'assemblée à une heure inaccoutumée, un peloton d'une vingtaine d'hommes en armes était derrière le lieutenant Mayer, tous les prisonniers formant le demi-cercle. M. Mayer prononça mon nom et me fit avancer au centre. Je me demandais ce que voulait dire tout cet apparat, lorsque, sortant une lettre de sa poche, il en commença la lecture : c'était ma lettre à mon père! Il la lut en charabia mi-allemand, mi-français, sur un ton de colère, et revenant toujours sur « un Kop de fussil à ces pons Messieurs » ; puis il m'injuria, avec toutes ses connaissances de mots français mêlés d'allemand et toutes les grossièretés de son vocabulaire à l'égard des Français. Un murmure s'éleva dans les rangs des prisonniers; M. Mayer fit un commandement et les fusils s'inclinèrent : il n'y avait plus moyen de rire! Comme punition, je fus condamné à aller, pendant une semaine, à la corvée des vivres, et à les porter moi-même. Pour cela, on descendait en ville tous les jours. De plus, je devais faire toutes les corvées de la section, de préférence à tout autre. M. Mayer ajouta qu'il ferait un rapport à M. Reichstadt, et que, dès à présent, il supprimait ma carte de sortie.

Du 17 au 21 octobre.<br>Corvée des vivres.

Comme j'allais à la corvée des vivres, le 17, un sous-officier wurtembergeois me dit, aussitôt sorti du fort : « Camarade, vous sous-officier comme nous, on ne fait pas de corvée! Vous prendre un sac en rentrant, à cause du lieutenant! » Ainsi fut fait.

Dans la journée, j'étais employé à étendre du sable et des cailloux dans la cour ; et toujours, je me piquais d'amour-propre pour faire ce travail avec soin et gaieté quand le lieutenant Mayer était présent.

22 octobre. A la Commandatur.

Le 22, M. Mayer, d'un ton réjoui, me donne ordre de me rendre à la Commandatur, convaincu sans doute que j'allais être plus sévèrement puni ; et il me fait accompagner. Mes camarades, qui tous avaient été écœurés de l'acte de S..., étaient inquiets de ce qui allait m'arriver.

Lorsque je me présentai devant M. Reichstadt, il me demanda quel jour je lui avais écrit. Je lui répondis que je l'avais fait le jour même où M. Mayer avait lu en public la lettre écrite à mon père, et pour réclamer contre ce procédé. Le major était furieux de ce qu'une lettre, à lui adressée le 16, ne lui avait été envoyée que le 21, par le Prussien, en même temps qu'un rapport contre moi, et la suppression d'une carte signée par lui. Il me dit : « J'ai mis votre lettre sous enveloppe, sans la lire, et l'ai envoyée dès hier à Monsieur votre père[1]. » Je le remerciai de sa courtoisie ; et le colonel Scheffer, qui était présent, parlant en allemand avec le major, lui dit de me faire délivrer de suite une autre carte de sortie, et de me faire descendre dans une caserne en ville. J'en profitai pour demander à être envoyé dans celle où se trouvait mon ami Le Turc d'Omont.

Retournant au fort, très enchanté, je fus aussitôt questionné par mes camarades. Le lieutenant Mayer paraissait d'autant plus furieux qu'il nous voyait gais. Lorsqu'il était de jour, il n'y avait de vexations qu'il ne fît aux prisonniers.

23 octobre.<br>
Première sortie avec ma nouvelle carte.

J'appris par ma famille que le commandant de Bonneville (Madame de Bonneville habi-

---

1. Cette lettre, que j'ai retrouvée à mon retour de captivité, est conservée avec toute ma correspondance de cette époque. Elle est datée du 14 octobre.

tait Poitiers et était des amis de mes parents),
qui à Reichshoffen commandait le 13ᵉ bataillon de chasseurs à pied et qui avait été grièvement blessé, était interné à Ulm. Ma première visite fut pour lui. Tout le temps de
la captivité, il fut très bon pour moi ; et j'allai le voir fort souvent.

24 octobre.

Nouvelle visite au commandant de Bonneville,
avec Thomas et Crochon.

Le 24 octobre, ce fut avec le sergent-major
Thomas, des tirailleurs, dont j'ai parlé au
sujet de Pont-à-Mousson, et Crochon, sergent
au 56ᵉ de ligne, que je retournais au commandant de Bonneville. Crochon était un charmant camarade, à qui j'ai été, par la suite,
heureux de pouvoir rendre un grand service.
A Reichshoffen, il était secrétaire du général
Fraboulet de Kerléadec, qui commandait une
brigade d'infanterie ; une boîte à mitraille lui
avait fait à la main droite une affreuse blessure ; il en avait également reçu une autre à
une jambe. Son bras droit était toujours en

écharpe, et sa main mutilée; chaque jour nous nous attachions, l'un ou l'autre, à lui masser la main, et il était arrivé ainsi à pouvoir introduire un porte-plume entre deux doigts et à écrire un peu.

25 octobre.

Sortie avec Crochon; car, depuis le 15 octobre, on avait donné des cartes de sortie individuelles aux sous-officiers. Nous rencontrons une dame, qui nous dit avoir été expulsée de Paris, comme étant d'origine bavaroise, et qu'elle était très malheureuse à Ulm. Nous ne pouvions rien pour elle.

26 octobre.

Le lieutenant Mayer supprime pour deux jours la carte de sortie de plusieurs sous-officiers, sous le prétexte que la veille nous étions sortis avant l'heure. Or, pour sortir, nous passions au poste du fort, où nous signions notre nom sur un registre que nous devions signer de même en rentrant; la consigne

était très sévère, et nous ne pouvions passer sans que le sergent de garde nous le per-
mît ! Ce jour-là, il était midi moins dix ou
moins cinq ; le sergent nous dit de signer et
de sortir ; nous n'avions pas réclamé ; mais
nous avions compté sans le Mayer ! Le soir, à
l'appel, en annonçant aux sous-officiers punis
le retrait de leur carte pour deux jours, le
lieutenant Mayer nous dit : « On punit vous,
par mépris » (comme si le mépris de ce monsieur pouvait nous atteindre !). Mais une autre
chose plus désagréable nous arriva, de la part
de ce Prussien vindicatif.

Depuis quelques jours, plusieurs d'entre
nous avaient obtenu de quitter une casemate
glaciale et humide, pour coucher dans un
grand magasin bâti dans la cour du fort, et
où étaient déjà une cinquantaine de prisonniers. On nous fit réintégrer la casemate !

28 octobre.

Annonce de la reddition de Metz, par M. Mayer.

Le 28 octobre, le lieutenant Mayer, que

8

nous ne voyions jamais de très bonne heure, parcourut toutes les casemates, dès l'aube, en criant d'une voix triomphale : « Metz est pris! Metz est pris! » Que de murmures et d'épithètes injurieuses à son adresse! et combien de mains l'eussent volontiers étranglé pour sa méchanceté et sa lâcheté, à venir nous insulter ainsi.

Ce jour-là nous étions assez nombreux devant le magasin, dans la cour, causant des tristes nouvelles. Un brave tirailleur algérien, qui était toujours d'une tenue irréprochable, et plein de respect pour les gradés, était près d'un groupe dont je faisais partie avec les sergents-majors Thomas, Crochon et d'autres sous-officiers. Un grand diable de caporal d'infanterie, parisien fanfaron et qui nous avait souvent ennuyés, faisant le beau parleur, interpella le tirailleur en lui disant dans un langage grotesque : « Metz pris, l'Empereur capout! toi pouvoir rentrer dans gourbi, toi plus Français! » Ce tirailleur, dont je regrette de n'avoir pas retrouvé le nom ni le numéro du régiment (le 4ᵉ, je crois), se redressant indigné, et regardant le caporal dans les yeux, lui dit : « France heureuse, moi battre pour France; France malheureuse, moi faire tuer pour France ; toi cochon, pas Français! »

Nous croyions que, dans son indignation, il aurait fait un mauvais parti à ce caporal; et, avant qu'on pût intervenir, il l'avait souffleté. Ces belles paroles dans la bouche de ce noir nous avaient enthousiasmés pour lui ! Cette brute de caporal, qui (je veux le penser) devait être gris, fut si honteux qu'il n'osa pas porter plainte contre le tirailleur; et heureusement, le lieutenant Mayer n'était pas présent alors, sans quoi l'affaire se fût compliquée, vu les galons de caporal.

Cependant, le sergent-major S... du ... de ligne, — dont j'ai déjà parlé, — nous traita, Thomas, Crochon, d'autres camarades, moi et un caporal qui était là, d' « imbéciles », pour nous être moqués de ce gradé, qui, pour nous, déshonorait son uniforme, ses galons et son titre de Français; heureusement, S... n'avait pas vu le soufflet, mais

Thomas, qui, comme lui, était sergent-major, et qui appartenait aux tirailleurs, se chargea de le remettre vertement à sa place. Menaces de S... qui rapporte à M. Mayer ce qui s'est passé; fureur du lieutenant, lequel, à son tour, rend compte au capitaine; enfin, sur la plainte du sergent-major Thomas et de nous tous. expliquant que S... n'est qu'un sous-officier comme nous, le Prussien répond :

« — C'est un homme qui a rendu tant de services aux Prussiens! »

Que de canailleries il avait dû faire pour arriver à son grade! « Il faut, disait S..., un homme intelligent pour remplir les fonctions de vaguemestre. »

— Parbleu! et pour espionner ses compatriotes? —

Thomas, sergent-major, qui avait pris vivement la défense de son tirailleur, fut envoyé le lendemain en corvée de vivres, portant une grande gamelle de légumes. Quant au brave Crochon, Mayer agit encore plus lâchement à son égard, sans doute sur le rapport de S...

Une décision du gouvernement allemand

prescrivait que les prisonniers blessés, reconnus impropres au service, seraient renvoyés en France ; et notre bon camarade avait été compris sur la liste. Ce jour-là, M. Mayer, passant à côté de notre groupe, vit Crochon, qui s'essayait à écrire. — « Ah ! dit-il, vous pouvoir écrire ? Vous pas partir ! » — Crochon pâlit : je crois qu'il l'aurait tué s'ils avaient été seuls. Peu de temps après, je pus obtenir le départ de Crochon, étant aller voir tout exprès M^{me} Reichstadt, à qui je racontai ce qu'était le lieutenant Mayer et ce qu'il avait fait contre notre camarade.

A moitié Française, bien que Wurtembergeoise par son mariage, M^{me} Reichstadt détestait les Prussiens et résolut d'obtenir le départ de Crochon. Elle pria son mari de faire donner l'ordre à Crochon de venir chez elle, obtint que plusieurs médecins fussent convoqués et fit délivrer à notre ami un certificat d'incapacité de reprendre du service. Peu après, Crochon reçut un passeport pour la France.

Quinze jours après son départ, tous ses

camarades recevaient une carte, portant :
« Crochon, sous-lieutenant au ...ᵉ régiment. »
Il en était quitte pour porter son bras en
écharpe. Nous sûmes que le lieutenant
Mayer avait aussi reçu une carte : que n'au-
rions-nous pas donné pour assister à cette
réception !

29 octobre.

S... saute en couverte.

Nous tirâmes vengeance de S... par les
seuls moyens en notre pouvoir. La nuit, il fut
empoigné dans une couverture, et subit le
plus joli saut en couverture qu'on puisse ima-
giner, sans pouvoir reconnaître aucun de
nous (et nous étions nombreux). Il dut en
rester moulu longtemps !

30 octobre.

Suppression de la carte de sortie pour 4 jours.

Le sergent-major S... eut l'infamie de propo-
ser au caporal qui avait assisté à la scène du
tirailleur, le 28, et qui, du reste, était aussi
au courant du saut en couverte, de dire

comme lui afin que Thomas, Crochon et moi soyons punis. Ce caporal, dont j'ai malheureusement oublié le nom, refusa indigné, et dit son fait à S..., qui lui fit infliger deux jours de prison par Mayer, pour insolence.

Il nous raconta cela en sortant de prison, et nous le félicitâmes de sa loyauté. A la suite de ces faits, Thomas, Crochon et moi, nous voyions encore notre carte supprimée pour quatre jours. Sur la demande de mes camarades, j'écrivis au major Reischstadt, pour lui exposer la façon inique dont tous les prisonniers étaient traités. J'avais pu me procurer de la cire dans une cantine, et j'avais cacheté la lettre avec ma bague. Fureur de Mayer en voyant scellée la lettre que je lui remettais, sans une parole, en faisant le salut militaire. Il lit l'adresse, jure comme un possédé et jette cette lettre à un planton en lui disant de la porter à la Commandatur. Les camarades, qui avaient vu la scène, étaient ravis de la fureur de Mayer.

31 octobre.

Je quitte le fort Koubergue.

Appelé à la Commandatur, le 31 à 9 heures du matin, je suis interrogé par le commandant Reichstadt sur tout ce qui s'est passé au fort Koubergue. Je lui racontai donc toutes les vexations auxquelles mes camarades et moi avions été en but, l'annonce de la prise de Metz et surtout le rôle du sous-officier S... employé à nous espionner. Le commandant s'indigna de cette conduite d'un sergent-major français vis-à-vis d'autres Français ; la façon injurieuse dont le lieutenant Mayer nous avait appris le désastre de Metz le révolta, ainsi que l'emploi fait contre nous d'un Français ; il me dit que M. Mayer était d'autant plus furieux contre nous qu'il avait été réprimandé pour sa dureté envers les prisonniers, et pour avoir gardé, une semaine avant de l'envoyer, une lettre adressée à un de ses supérieurs. Le commandant ajouta qu'il s'occupait du départ de Crochon avec les autres prisonniers blessés, et qu'il allait nous faire descendre dans une caserne en ville, Thomas et moi ; « car, dit-il, vous arriveriez à vous faire fusiller par ce Mayer ! »

En effet, il me fit conduire à la caserne où était mon ami Le Turc d'Omont, bastion n° 1. Je regrettais de bons camarades, mais j'étais bien aise d'avoir quitté le fort Koubergue. Je trouvai là : Dansey, maréchal des logis au 4ᵉ chasseurs d'Afrique ; de Beaufort, sergent d'infanterie ; et quantité d'autres, avec lesquels se passèrent de longs mois. Nous étions commandés par un lieutenant de Landwehr du Wurtemberg, M. Burker, qui était avec tous d'une très grande bienveillance. Nous étions vingt-trois sous-officiers dans une grande chambre, avec chacun une maigre paillasse sur la planche d'un lit de camp, et une couverture.

1ᵉʳ novembre.

Ayant retrouvé ma carte de sortie, je fus, ce jour-là, chez Mᵐᵉ Reichstadt avec Le Turc d'Omont, et je la remerciai de la bonté de M. Reichstadt à notre égard. Mᵐᵉ Reichstadt nous dit que son mari, ayant comme service spécial à s'occuper des prisonniers, il n'admettait pas qu'on les traitât durement.

Étant en ville, nos sorties étaient plus agréables; car nous n'avions pas à descendre du fort et à y remonter.

12 novembre.<br>Départ de Crochon.

Crochon a son passe-port et part pour la France; nous lui faisons nos adieux en enviant son sort. Il était d'origine basque, et son père avait été lieutenant au recrutement, à Poitiers; il comptait passer lui-même par cette ville et aller y voir ma famille : il n'a pu le faire, ayant été nommé sous-lieutenant à sa rentrée en France. Il m'avait bien affectueusement remercié de mon intervention pour son départ, et moi j'étais bien heureux d'avoir pu profiter de mes recommandations pour lui rendre ce service; de même, je n'hésitai pas par la suite quand je pus aider ainsi un camarade.

C'est vers cette époque que, par l'intermédiaire diplomatique de l'Angleterre, un rappel de solde fut fait à chaque prisonnier. Beaucoup de malheureux n'avaient pas un sou en poche depuis le début de la captivité; ils purent enfin se procurer un bien-être relatif. Il faisait froid, mais sec. Nous étions sous la neige épaisse, peu vêtus; ceux qui le voulaient, étaient autorisés à patiner sur un des immenses fossés des fortifications : j'y allais souvent avec quelques camarades, c'était un bon exercice et cela faisait passer les journées si longues. Je finis par me procurer des livres français; j'appris aussi un peu d'allemand, mais, hélas! je l'ai bien oublié.

Nous ne pouvions guère nous rendre compte du pays; je n'en ai vu que la partie comprise entre la descente du fort Koubergue et Ulm. Cependant, lorsque j'ai été interné dans la ville, j'ai fait plusieurs fois, avec des camarades, l'ascension du clocher de la cathédrale, église belle, mais d'aspect froid. Un brave homme, qui en était le gardien, montait avec nous au clocher et nous en expliquait le tour d'horizon. La citadelle domine la ville au nord-ouest ; à l'ouest, se trouvent les forts Koubergue et Koubergue-supérieur, ce dernier assez élevé ; vers le sud, on aperçoit les montagnes de la Suisse ; à l'est s'étend la vallée du Danube, avec de grands bois. Ce pays, que nous n'avons vu qu'en hiver, doit être assez fertile.

Lettre du baron de Zu-Rhein.

Je reçus un jour une lettre du baron de Zu-Rhein, membre de la Diète bavaroise, et qui était le frère de ma tante Édouard de Richemont ; il habitait Wurtzbourg et Munich. Quelque temps après, il vint me voir à Ulm. Je déjeunai avec lui à l'hôtel du Konprinz et il me fit remarquer, comme mœurs du pays, plusieurs jeunes filles des meilleurs familles, que l'on apercevait par l'ouverture d'une porte dans une cuisine. M. de Zu-Rhein me raconta que, dans toutes les villes allemandes, les jeunes filles de la société et de la bourgeoisie apprenaient dans les hôtels à faire la cuisine, sous la direction d'une personne de très

bonne éducation, et que les places étaient rete-
nues un ou deux ans d'avance.

Il revint deux fois me voir, et chaque fois
voulut me laisser de l'argent de la part de ma
tante. Je ne sus pas être comme la fourmi,
car aussitôt les camarades en profitaient; mais,
vraiment, lorsqu'on est en captivité, ignorant
pour combien de temps encore, on devrait
être un peu moins prodigue de ses ressources,
quand on a la chance d'en avoir; et je crois
que, sans être taxé d'égoïsme, on peut être
moins généreux que je l'ai été par moments. Mon cousin Roger de Richemont, qui
était aux zouaves de Charette, reçut sept blessures à Patay; ma tante de Richemont, sa
mère, put obtenir, grâce à son frère M. de Zu-
Rhein, un laisser-passer pour aller rechercher
son fils parmi les blessés. C'est grâce à sa
connaissance de la langue allemande que
Roger dut d'être ramassé par les Allemands
sur le champ de bataille, et il exigea qu'un
de ses chefs, également grièvement blessé, le
fût avant lui.

Secours aux prisonniers<br>organisés par des comités françias.

Il y avait à Ulm un prêtre français, le
P. Joseph, qui était chargé, par un Comité
français, de s'occuper des prisonniers, en qualité d'aumônier, et de leur distribuer des secours. Nous allions de temps en temps aux
nouvelles chez lui ; et nous avons eu, quelques camarades et moi, l'occasion de lui signaler bien des misères à soulager.

Dans une de ces visites, il nous dit :

— Je vais vous renvoyer, parce que j'ai
rendez-vous avec un Français, qui vient ici
envoyé par un comité de secours.

Comme nous insistions pour voir ce Français, arriva le baron de Chaulin, le visiteur
attendu, auquel le P. Joseph nous présenta.
Ce nom me rappela celui d'un camarade du
Pont-Levoy de 1865 à 1867. Il avait quitté
le collège parce que sa mère, étant Bavaroise
et ayant une haute situation à la cour de Ba-
vière, voulut l'avoir auprès d'elle. A l'époque
où nous étions ensemble, sa famille passait

une partie de l'année en Blaisois. Je fis part
de ces souvenirs à M. de Chaulin, qui me
dit que c'était en effet son fils, maintenant
officier dans l'armée bavaroise, que j'avais
connu ; et, circonstance singulière, il n'a-
vait quitté Ulm, partie bavaroise, que très
peu de jours auparavant, ayant été envoyé en
France. Quelle coïncidence, si je m'étais
trouvé sous ses ordres ! j'aimais mieux que
cela n'eût pas eu lieu. Plus tard, étant en garnison à Tours, je retournai à Pont-Levoy et
racontai la chose. J'appris que, pendant la
guerre, Chaulin était venu avec sa troupe à
Pont-Levoy et qu'il empêcha qu'il y fût fait
du mal. Les Allemands employaient toujours
ainsi les gens qui avaient résidé en France, là
même où ils avaient résidé.

Je revis souvent M. de Chaulin, et lui si-
gnalai, entre autres, de malheureux tirailleurs,
qui, arrivés en captivité avec leurs culottes de
toile blanche, souffraient plus que les autres
d'un climat si différent du leur. Ayant appris
que des prisonniers de Metz étaient passés à
la gare, j'y allai avec quelques camarades,

et nous vîmes arriver un convoi de Grenadiers de la Garde ; ils étaient dans un état bien misérable, transportés dans des wagons à bestiaux, à claires-voies, et même sur des plates-formes. Dans un des trains arrêtés près de la gare, je vis, en particulier, de pauvres soldats de ces beaux régiments de la Garde, qui étaient étendus, hâves et faisant pitié : il était tombé de la neige une partie de la nuit, et les plates-formes en étaient recouvertes ; puisqu'on les laissait là, c'est qu'ils ne devaient pas être internés à Ulm, qui regorgeait de prisonniers. Je les plaignais de tout mon cœur. Nous avions eu déjà, dans la caserne où j'étais, un détachement de ces grenadiers de la Garde, qui, pour la plupart, souffraient de la dysenterie ; cette maladie devint épidémique, et je fus moi-même assez fortement atteint, mais je pris heureusement le dessus.

Dans nos sorties en ville, la quantité de femmes en deuil nous frappait ; c'était le moment des grandes tueries, et les Prussiens mettaient toujours en avant les Wurtembergeois, les Bavarois, ou autres troupes des petits États confédérés. Toutes les semaines il partait des troupes d'Ulm. Nous sûmes, plus tard, que, pour garder plus de 18.000 prisonniers que nous étions, à un moment donné il n'y avait plus que 1200 hommes ! Ah ! si nous avions pu nous entendre, quelle belle révolte ! Et dans toutes les villes où se trouvaient des prisonniers, c'était de même.

23 novembre.
Plan d'évasion, envoyé au Docteur Dufresne,
à Genève.

Ce jour-là, j'eus l'espoir que j'arriverais à m'évader. Combien de fois, avec Le Turc d'Omont, nous avions élaboré des plans, mais nous croyions être très surveillés, et nous ne nous doutions pas de certain relâchement du service.

Je reçus donc, le 23 novembre, une lettre de mon oncle, le comte Alexandre de Richemont, m'annonçant que le précepteur de ses enfants, Autrichien d'origine, devait aller dans sa famille et qu'il passerait par Ulm, venant de Suisse, pour me voir de sa part.

Déjà, par un médecin de Genève, le docteur Dufresne, son ami, mon oncle m'avait fait mettre en rapport avec un pharmacien d'Ulm à qui le docteur avait recommandé d'avoir soin de moi à l'occasion ; et quand j'eus la dysenterie, ce brave homme me rendit vraiment service. Il m'était arrivé aussi de recevoir des lettres de Suisse par son intermédiaire, et d'en envoyer deux ou trois fois. Le 23 novembre, dans une lettre adressée par moi au docteur Dufresne pour mon oncle, et expédiée par le brave pharmacien qui ne se doutait pas du contenu, j'exposai tout mon plan d'évasion[1] : Rendez-vous avec le précepteur qui devait être muni, pour moi, d'une barbe et d'une perruque, d'un grand manteau et d'un passeport, me faisant passer pour son domestique ; de plus, un revolver : voulant, si, à Frédérichshaffen il y avait de la difficulté à prendre le bateau de service pour la Suisse, pouvoir m'emparer d'un canot et

---

1. Depuis lors, je suis rentré en possession de cette lettre remise par le docteur Dufresne à mon oncle de Richemont.

me défendre au besoin. Nous devions signer notre nom au poste, à la sortie, et le signer de même, en regard, à la rentrée. Or, plusieurs fois, il était arrivé qu'en sortant nombreux ensemble, l'un de nous inscrivait huit ou dix noms, en même temps que le sien ; les sergents de garde étaient presque tous de la réserve, bons enfants, qui souvent ne regardaient pas quand on signait.

Le jour où j'aurais dû filer, un camarade aurait bavardé avec le sergent ; j'aurais inscrit les noms, négligeant de mettre le mien ; et, à cinq heures, tous les noms étant contresignés, on ne pouvait pas se douter de mon absence avant l'appel du soir à huit heures et demie. Un train partait pour la Suisse avant 6 heures et je filais avec mon Autrichien ; puis, rentré en France, j'avais peut-être la chance d'être fait sous-lieutenant comme Crochon !

Mon oncle frémit à l'idée du revolver, et crut, au lieu de presser les choses, devoir en écrire à ma mère. Ma chère maman, pleine de crainte de ce qui pouvait m'arriver, le supplia de ne pas m'aider dans mon projet. L'Autrichien ne vint pas me voir; mais j'en voulus beaucoup à mon oncle, car j'aurais réussi.

Fin de novembre.

Quatre sous-officiers, internés à la citadelle d'Ulm, s'évadèrent sans qu'on ait jamais su comment ils s'y étaient pris. Les malheureux marchèrent plusieurs nuits, se cachant le jour — ils étaient en uniforme —; enfin, avisant une maison, alors qu'ils croyaient avoir passé la frontière allemande, ils y entrèrent, épuisés de froid, de faim et de fatigue. La neige venait de faire son apparition. Ils étaient encore en territoire ennemi, à trois kilomètres de la fontière! Arrêtés, ils furent ramenés à Ulm. Le bruit de leur prise s'était répandu, et nous étions tous fort inquiets du sort qui leur serait réservé; on parlait de les fusiller : ils en furent cependant quittes pour 60 jours de cachot, très dur et très pénible.

Vers cette époque, je vis M^{me} Reichstadt, qui était fort émue de ce qui pourrait advenir à ces quatre sous-officiers ; et elle me dit qu'elle pensait que je n'avais pas l'idée de chercher à m'évader. Comme je n'avais plus d'espoir que mon projet réussisse, je lui racontai que, peu de temps auparavant, j'avais bien compté le faire. Le major arriva juste à ce moment, et nous fit espérer que les quatre sous-officiers ne seraient pas trop sévèrement punis et me demanda de quoi je parlais. Je lui dis que j'aurais vraiment eu du scrupule de chercher à m'évader, à cause de lui ; mais que, quinze jours plus tôt, j'en avais conçu le dessein. Il voulut que je lui explique comment je m'y serais pris ; je lui exposai donc mon plan, sans (bien entendu !) nommer le docteur Dufresne, ni le pharmacien d'Ulm et sans lui dire ma façon de correspondre. M. Reichstadt écouta en silence ; puis, quand j'eus terminé, il me tendit la main et me dit : « Je regrette pour vous que Monsieur votre oncle n'ait pas consenti à vous aider, vous étiez sûr de réussir ; et vous n'aviez aucun scrupule à avoir, n'ayant pas donné votre parole de ne pas chercher à vous évader. » Ce n'est pas chez un Prussien que j'aurais rencontré tant de courtoisie !

Lorsque, en garnison à Versailles à la fin de 1871, je revis mon oncle de Richemont député de l'Inde Française[1], je lui racontai tout cela, et lui répétai les paroles du commandant Reichstadt. Mon oncle me dit que ma mère l'avait supplié de ne pas me seconder dans ma tentative d'évasion, de crainte que je n'échappasse point une autre fois aux dangers de la guerre. Pauvre maman ! j'ai bien compris son sentiment d'affection, mais j'étais en même temps bien furieux de l'entrave mise à mon projet.

Décembre.
Organisation d'une troupe de théâtre
par les prisonniers français.

Le soldat français est toujours ingénieux, et

---

1. Le comte Desbassyns de Richemont fut nommé député de l'Inde Française à l'Assemblée Nationale, en 1871. Son père avait été Gouverneur de l'Inde sous Charles X. C'est en souvenir des services que son père avait rendus à la colonie, qu'il fut nommé par acclamation, après nos revers.

Le comte Desbassyns de Richemont représenta l'Inde à l'Assemblée Nationale, puis au Sénat, de 1871 à 1882.

dans le courant de décembre quelques prisonniers organisèrent une troupe de théâtre ; ils
distrayèrent ainsi bien des camarades. Un
jeune grenadier de la Garde, ancien enfant de
troupe, l'air très jeune et imberbe, remplissait
avec beaucoup de brio les rôles de femmes,
pour lesquels il savait très bien se grimer.

Ayant obtenu la permission de jouer au
théâtre de la ville — salle bien modeste — au
profit des soldats français malades, la troupe
militaire y donna deux représentations à un
prix très modique. J'ai assisté à l'une d'elles ;
la plupart des officiers internés à Ulm et beaucoup de familles wurtembergeoises apportèrent leur obole à cette œuvre charitable.

Le service de nos correspondances avec la
France était très irrégulier. Je reçus le 18 janvier une lettre de ma mère datée du
17 décembre, en même temps que d'autres du
25 décembre et du 1er janvier 1871. J'eus ainsi
des nouvelles de bien des parents. Outre mon
frère aîné, officier des mobiles de la Vienne
dans Paris, j'avais aux armées deux oncles,
six cousins germains et une dizaine de cou-

sins, parmi lesquels il y en avait huit aux zouaves de Charette, soit revenant de Rome, soit engagés pour la guerre. Ma famille avait fourni un sérieux contingent !

Edgard de Richemont (siège de Paris) et Raymond de Chergé, lieutenant des mobiles de l'Indre (armée de l'Est) furent décorés de la Légion d'honneur. Roger de Richemont (Volontaire de l'Ouest) reçut la médaille militaire.

J'avais appris la mort de mon oncle, le marquis Dodun de Kéroman, frère aîné de ma mère, décédé à Bruxelles ; ma pauvre mère devait être bien affectée, elle aimait beaucoup son frère, et ce chagrin venait s'ajouter à toutes les préoccupations de cette triste année.

L'aîné des fils de mon oncle Eugène, — Louis, qui avait été fait prisonnier le 6 août à Reichshoffen, dans la charge du 9ᵉ cuirassiers à Morsbronn, — avait d'abord été envoyé comme prisonnier à Kœnigsberg, puis de là à Memel, frontière nord de l'Allemagne, où le climat est des plus rudes ; il y contracta un mal terrible causé par le froid et mourut en 1872 des suites de la captivité. Quelle est la famille qui ne fut pas éprouvée en 1870-1871 ?

Lettre de M<sup>lle</sup> de Lozé,<br>
religieuse à Paris, à son frère.

Je rencontrai M<sup>me</sup> Reichstadt, qui me raconta avoir lu une lettre d'une religieuse soignant les blessés dans une ambulance à Paris, lettre écrite à son frère le vicomte de Lozé, dans la Mayenne. Cette lettre avait été apportée par un officier allemand, blessé sous Paris, et avait été prise dans un ballon tombé dans les lignes allemandes.

Paul de Lozé était un de mes bons et meilleurs amis d'enfance. Je demandai à M<sup>me</sup> Reichstadt d'avoir l'obligeance de faire tout son possible pour obtenir cette lettre ; elle le fit et me la remit. J'écrivis à mon ami, officier des mobiles de la Mayenne, pour lui faire parvenir ainsi des nouvelles de sa sœur ; ma lettre et celle de sa sœur lui arrivèrent.

Ma pauvre maman me reprochait, dans ses lettres, de ne pas lui donner souvent de mes nouvelles. Certainement beaucoup de mes lettres ne devaient pas lui parvenir, étant donné le nombre relativement peu élevé que j'en ai trouvé à mon retour, car on me les gardait toutes, sur ma demande, mais elles arrivaient dans des délais très irréguliers.

1<sup>er</sup> février.

Dès que nous sûmes la fin du siège de Paris et la conclusion de l'armistice, le 29 janvier 1871, j'écrivis — le 1<sup>er</sup> février — à mon frère Charles, qui y était comme officier des mobiles de la Vienne, et dans les dix jours j'eus sa réponse datée du 7 ; elle contenait de bonnes nouvelles de lui et de quelques amis du Poitou également à Paris. Nous étions fort impatients de savoir ce qu'il allait advenir des prisonniers puisque l'armistice était signé, et que l'on parlait de la paix.

Nous formions un groupe de bons camarades, vivant en bonne intelligence ; nos conversations roulaient toujours sur la France et le retour. Il y avait là :

Thomas, sergent-major au 2ᵉ tirailleurs, que je revis plus tard officier d'infanterie. Il fut retraité comme capitaine au 80ᵉ d'infanterie.

De Beaufort d'Hautpoul, sergent au 64ᵉ ;

Broué, sergent-fourrier au 79ᵉ ;

Baumann, maréchal des logis de gendarmerie aux Andelys ;

Braibant, brigadier de gendarmerie ;

De Brémond d'Ars, maréchal des logis au 8ᵉ cuirassiers ;

Le Turc d'Omont, brigadier-fourrier au 3ᵉ cuirassiers, qui fut officier de cavalerie ;

Marion, maréchal des logis chef au 1ᵉʳ cuirassiers ;

Beuve, maréchal des logis au 1ᵉʳ cuirassiers ;

Laymond, maréchal des logis chef au 3ᵉ cuirassiers ;

Puissec, maréchal des logis au 3ᵉ cuirassiers ;

Dommartin, maréchal des logis au 3ᵉ cuirassiers, qui devint capitaine de cuirassiers ;

Noir, maréchal des logis au 3ᵉ chasseurs d'Afrique ;

Duebiez, maréchal des logis au 4ᵉ chasseurs d'Afrique ;

Dansey, maréchal des logis au 4ᵉ chasseurs d'Afrique.

Un bon camarade aussi, dont j'ai oublié le nom, était au moment de la guerre mécanicien à la Compagnie du Nord ; parti pour les Vosges dans un corps de francs-tireurs, il fut fait prisonnier. Bien d'autres étaient avec moi à Ulm. Tel ce brigadier du 4ᵉ chasseurs d'Afrique, un homme magnifique avec une grande barbe noire. Blessé dans les charges de Sedan par une balle qui l'avait traversé de part en part sans léser aucun organe, il s'était soigné lui-même avec de l'eau fraîche ; il avait fait la route de Sedan à Pont-à-Mousson sur une voiture, ne voulant pas entrer dans une ambulance. Les trous faits à la poitrine, sur sa veste bleu ciel, à la hauteur d'une décoration, ainsi qu'au dos, sous l'omoplate, avaient été bouchés par lui-même, qui y avait cousu deux ronds en drap bleu. J'espère qu'à sa rentrée en France, la médaille militaire aura mieux bouché la place de la balle sur la poitrine de ce brave !!

En revanche, j'ai rencontré quelquefois un

très aimable fourrier de tirailleurs, dont un de
ses camarades prenait un soin touchant. Ce
malheureux fourrier, tout jeune, avait, en
effet, eu aussi la poitrine traversée ; mais je
doute qu'il ait pu survivre bien longtemps. Il
faisait pitié à voir, tandis que le brigadier de
chasseurs d'Afrique était joyeux et fier de ses
deux gros pains à cacheter d'un autre bleu
que sa veste.

J'avais fait connaissance, dans mes sorties,
avec de charmants garçons, officiers de mobiles du Havre, de Laon et de la Fère, qui
avaient été faits prisonniers à la reddition de
ces deux dernières villes : c'étaient Coët, Lan-
drin, Crépin. Létriard, Dominez. Quesnel.

6 mars.<br>Passeport pour la France.

Le 6 mars, étant allé en ville, je rencontrai
tous ces messieurs l'air ravis ; il m'apprirent
qu'un ordre venait d'arriver, autorisant les
officiers de l'armée active et les officiers et
hommes de la mobile, à rentrer en France à
leurs frais. L'un d'eux me dit : « Nous allons

à la Commandatur, demander nos passeports à M. Reichstadt; voulez-vous venir avec nous? Puisque vous le connaissez, vous pourriez peut-être nous faciliter la chose. » Je les félicitai de pouvoir partir, me demandant quand j'aurais pareille chance, lorsqu'un d'eux s'écria : « Nous avons le droit d'emmener notre ordonnance à nos frais; si vous voulez, je vous prends à ce titre. » Je sautai de joie, mais lui avouai que ma bourse était vide. Tous m'offrirent alors très aimablement de pourvoir aux dépenses de la route. J'acceptai avec grand plaisir et nous allâmes à la Commandatur.

M. Reichstadt nous reçut avec grande bienveillance, et sur la demande d'un de ces messieurs de me laisser partir avec eux comme ordonnance, le major me dit : « Le commandant de Bonneville m'a demandé son passeport ; allez le trouver ; puisqu'il va à Poitiers, s'il veut vous emmener, je vous en donne un de suite. »

Les Allemands, qui ont vu, ce jour-là, un maréchal des logis courant de toutes ses jam-

bes de vingt ans par les rues d'Ulm, ont dû
le croire fou.

Je ne m'étais pas fait répéter deux fois la
proposition. Arrivé chez M. de Bonneville,
je lui racontai la chose. Cet excellent homme
accepta avec joie de m'emmener, et eut la
délicatesse de me dire que, si je n'avais
pas d'argent, il en avait pour moi. Je le
remerciai vivement, et repartis, à la même
vitesse, pour la Commandatur. Là, je retrouvai les officiers de mobiles qui attendaient
leurs papiers ; je leur exprimai toute ma
reconnaissance pour la gracieuseté de leur
offre, et leur fis mes adieux. J'ai bien regretté
de ne les avoir pas revus depuis Ulm.

Je sortis de la Commandatur, mon passeport en poche, et fus voir M^{me} Reichstadt, et
la remercier avec effusion de tout ce qu'elle
avait bien voulu faire pour tous les Français
que je lui avais recommandés. Puis j'allai dire
adieu à tous les amis que je laissais. Je reçus,
de la part de chacun, des félicitations de mon
départ ; et cependant, certains furent encore
longtemps avant de rentrer. Il y en eut quel-

ques-uns qui purent se faire emmener par des officiers. Du reste, cette permission de rentrer à ses frais n'eut son action que pendant quelques jours ; ensuite, je ne sais pourquoi, elle fut rapportée.

Le hasard fit que je croisai le fameux M. Mayer ; je tournai la tête pour n'avoir pas l'air de le voir et n'avoir pas à le saluer ; et s'il m'eût interpellé, je lui aurais montré mon passeport, revêtu de la signature du général prussien von Pretwitz, gouverneur d'Ulm. M. Reichstadt m'avait dit : « Avec ce passeport vous pouvez aller où vous voulez, personne n'a le droit de rien vous dire. »

Nous devions partir le lendemain matin, à neuf heures et demie, M. de Bonneville et moi, par la Suisse ; et, sur ma demande, il n'avait pas écrit à M<sup>me</sup> de Bonneville qu'il me ramenait ; je voulais faire la surprise à ma famille.

7 mars.<br>Départ d'Ulm.

Ce matin-là, des camarades avaient demandé à sortir de bonne heure pour m'accompagner, et ils avaient voulu que nous fissions un petit déjeuner à un hôtel en face de la gare. On entendit soudain un coup de sifflet :

— Si c'était mon train ! dis-je.

— Mais non, répond Dansey, la pendule ne marque pas neuf heures.

Je voulus, néanmoins, partir de suite ; sur le seuil, je vois à cheval le major, qui, m'apercevant, arrive sur moi furieux, me disant que M. de Bonneville venait de partir. J'étais atterré : c'était bien le sifflet de mon train que nous avions entendu ! D'Omont fait observer que c'était la faute de la pendule de l'hôtel ; le pauvre hôtelier n'en mena pas large : le major le fit appeler, l'agonisa de sottises et le menaça de prison, parce que son horloge retardait. La voilà bien, la discipline allemande !

M^me Reichstadt avait eu l'extrême délicatesse de venir elle-même à la gare. Je me confondis en excuses. M. Reichstadt me fit savoir qu'il y avait un train à trois heures, et m'ordonna d'être chez lui bien avant cette heure-là. Il envoya une dépêche pour être remise en route à M. de Bonneville et le prévenir que je le rejoindrais à Berne ; en outre, il me remit deux lettres pour diverses autorités, en cas de difficultés qui pourraient surgir en route.

J'étais très penaud d'avoir manqué mon train pour quitter Ulm, après environ six mois et demi de captivité. Quel comble !!! M<sup>me</sup> Reichstadt me chargea de ses compliments pour ma mère avec qui elle avait échangé une lettre ; et le commandant, par bonté, vint s'assurer que je ne manquerais pas le train. De cela il n'y avait plus maintenant de crainte à avoir ! Je le remerciai de tout cœur de ce qu'il avait fait pour nous tous, et avec d'autant plus de plaisir que je savais que les Prussiens le trouvaient trop bon pour les Français.

Le major Reichstadt avait un jeune fils. Je serais heureux qu'il apprît. s'il est encore de ce monde, l'estime que les prisonniers de guerre à Ulm, en 1870-1871, avaient pour son père.

Le jour où j'avais raconté la façon dont j'aurais pu m'évader, et après que M. Reichstadt m'eut dit la chance que j'aurais eue de réussir, j'avais osé lui demander : « Si les Français avaient été victorieux à Wissembourg et à Reichshoffen, que serait-il arrivé ?

— Tous les petits États d'Allemagne, me répondit-il, attendaient une victoire des Français ! »

Comme la France serait grande ! à moins qu'elle ne se fût endormie sur ses succès, si ce fût arrivé !

Le train parti, j'éprouvais une joie folle de me sentir libre ; mais avec un regret de laisser à Ulm tant de bons camarades qui n'avaient pas eu ma chance et de qui j'avais reçu des adieux si cordiaux.

Dans le même train que moi, se trouvait un sous-officier venant d'une autre ville et qui avait pu avoir aussi son passe-port ; nous en avions long à nous dire ! Lorsque, arrivés à Friedriechshaffen, sur le lac de Constance, nous montâmes sur le bateau qui devait nous transporter en Suisse, comme nous avions quitté le territoire allemand, nous eûmes une explosion de joie émue et de braves suisses, qui traversaient avec nous, s'amusaient de notre gaieté.

Coucher à Zurich.

Il faisait nuit quand nous arrivâmes à Zurich. La ville était pleine d'uniformes français : c'était l'armée de Bourbaki internée en Suisse. Nous allâmes dans un café plein d'officiers et de soldats français, pour avoir quelques nouvelles; mais nous nous retirâmes de bonne heure, de crainte que, malgré notre passeport allemand, quelqu'un ne s'enquît de nous, vu nos uniformes. Nous avions pris une chambre à deux lits, mon camarade et moi, au deuxième étage d'un hôtel, devant repartir le lendemain matin, parce qu'il n'y avait pas de train de nuit. Nous étions à peine couchés que nous entendons, dans la rue, des cris, puis des détonations.

Dans une grande brasserie-café-concert, appelée la « Town-hall », qui était presque en face de l'hôtel, il y avait beaucoup de Français, de Suisses et d'Allemands. Une dispute avait commencé entre Français internés et

Allemands ; les Suisses présents prirent parti pour les Français ; d'où bataille à coups de poings, à coups de chaises, et finalement bagarre telle que la garde civique arriva. Il y eut quelques coups de feu, tirés par qui ? je ne l'ai pas su. Mon camarade et moi, nous nous étions mis à la fenêtre, pour regarder l'échauffourée qui avait lieu juste au-dessous de nous, lorsqu'un projectile, égaré à coup sûr, vint frapper la muraille non loin de notre fenêtre.

Revenir de captivité, pour s'exposer à recevoir une balle en traversant la Suisse, ce n'était guère tentant ! Aussi nous fermâmes la croisée. Tout, du reste, rentrait bientôt dans l'ordre.

Le lendemain matin, dès l'aube, nous reprenons le premier train.

8 mars.<br>
Arrivée à Berne. — Coucher à Lyon.

Je n'étais jamais allé en Suisse ; et j'étais émerveillé lorsque j'arrivai enfin à Berne. Le commandant de Bonneville m'attendait à la gare; nous repartions presque de suite. Je lui fis bien des excuses de lui avoir ainsi faussé compagnie la veille : il rit de ma mésaventure et nous partîmes pour la France. J'ai toujours souvenir de la première fois où je contournai tout le lac de Genève. Malheureusement, le temps était un peu brumeux; néanmoins, je trouvai cela fort beau.

Nous passons enfin la frontière. En revoyant des Français, j'étais profondément ému. Arrivés tard à Lyon, nous cherchions un gîte; car la circulation la nuit, par le centre de la France, n'était pas établie et tout était fort encombré. Lyon regorgait de monde et de troupes. Après avoir demandé en vain des lits dans deux hôtels, nous nous décidâmes à passer la nuit dans le bureau d'un troisième, le commandant s'étant installé par terre sur un matelas, et moi sur une chaise.

9 mars.
Coucher à Moulins.

Après bien des arrêts, n'ayant pas eu de train pour quitter Lyon de bonne heure, nous couchons à Moulins et dans des lits ! Qu'il y avait donc longtemps que cela ne m'était pas arrivé ! aussi j'y dormis mal. L'habitude de la paillasse maigre sur la planche ! ! !

Nous vîmes là des éclaireurs à cheval splendides. Quelle belle tenue et quelles belles bottes jaunes ! il ne manquait à ces bottes luisantes et à ces superbes uniformes que d'avoir été portés dans la boue et par les intempéries par cet escadron si brillant, formé sur le tard. Le commandant de Bonneville et moi, ne pûmes nous empêcher de faire quelques réflexions que notre retour de captivité autorisait. Nous étions loin d'être aussi bien nippés.

10 mars.

Dernière journée de route. — Arrivée à Poitiers.

Vers neuf heures, nous roulions dans la direction de Poitiers, émus tous les deux de notre retour auprès des nôtres, moi surtout qui n'avais pas voulu prévenir ma famille de mon arrivée et qui me faisais une joie de la surprise générale, alors qu'on me croyait toujours à Ulm.

A Saint-Sulpice-Laurière, très long arrêt; enfin, à dix heures du soir, nous débarquions à Poitiers.

J'arrive à notre hôtel de famille; la concierge m'ouvre, abasourdie de me voir; et, pendant que je cherchais à me faire ouvrir la porte de la maison, une fenêtre s'ouvre et mon père demande :

— Est-ce toi, Henri?

Le régiment où mon oncle Henri Dodun de Kéroman, échappé comme maréchal des logis après Sedan, était capitaine, se trouvait dans les environs de Poitiers; mon père pensait que c'était son beau-frère. Je répondis :

— Non, mais ouvrez quand même !

Mon père ne reconnaissait pas ma voix; et la maison était perpétuellement envahie par des parents, zouaves de Charette ou soldats dans d'autres corps. Mon père croyait qu'un parent quelconque venait lui demander l'hospitalité.

La porte s'ouvre cependant. Grande joie

pour mon père et pour moi, de tomber dans les bras l'un de l'autre. Ma pauvre maman en pleurait de joie ; tous mes frères et sœurs, déjà couchés, se levèrent ; et la nuit était fort avancée quand chacun alla se coucher, après tout le questionnaire réciproque épuisé.

Le lendemain, quand on sut à Poitiers que M. de Bonneville et moi nous étions revenus de captivité (nous étions les premiers), les visites n'arrêtèrent pas ; dans la rue, chacun voulait un renseignement, et savoir si on avait vu tel ou tel.

Etant dans un grand dénûment de tout, j'étais avec ma mère à me pourvoir dans un magasin, quand le marchand, imbécile, me dit : « Vous avez dû bien souffrir, Monsieur, avec de pareils capitulards. » La colère me prit d'entendre parler ainsi ce sot qui était resté derrière son comptoir pendant cette triste guerre et, empoignant un gros mètre en bois, j'allais lui en asséner un coup, lorsque ma mère m'arrêta. Je sortis du magasin, refusant de rien acheter chez une pareille brute !

J'allai, à Montmorillon, chez ma bonne

grand'mère de Moussac ; elle, qui nous paraissait plutôt sévère et froide, avait été bien préoccupée de moi et ne se lassait pas de me demander des détails.

16 mars.

Je reçus, étant là, une dépêche de mon oncle Dodun, de passage à Lussac-les-Châteaux, en route pour Marseille avec son régiment de hussards ; un train m'amenait à neuf heures du soir à Lussac. A grand'peine, je trouvai le logement de mon oncle déjà couché, mais qui, pensant bien que je viendrais, m'avait fait faire un lit dans sa chambre. Il m'apprit qu'il partait à 4 heures du matin, faisant route, en deux étapes, pour Limoges. Il était chargé du logement et avait une mission auprès du général qui y commandait, pour obtenir de gagner Marseille par les voies ferrées. Mon oncle me proposa un cheval pour faire ces 82 kilomètres. Je n'étais pas monté à cheval depuis le 1er septembre 1870 ; néanmoins j'acceptai avec plaisir. Mais j'étais rudement fatigué et écorché en arrivant à Limoges ; un bon bain, d'ailleurs, me remit.

18 mars.

J'avais accompagné mon oncle chez le général commandant la division, à qui il allait se présenter. Il se trouva que c'était un vieil ami de son père. Le général apprit à mon oncle l'insurrection de la Commune à Paris, et qu'il avait de mauvaises nouvelles de Marseille. Mon oncle obtint donc facilement la permission que le colonel Noiretin, commandant le régiment, l'avait chargé de demander.

Je fus ensuite à Bordeaux voir ma grand' tante Dalon, et lui appris que son billet de cinquante francs cousu dans mon scapulaire avait depuis longtemps vu le jour.

Je rencontrai, également, à Bordeaux, mon oncle Edgard de Richemont. Il venait de quitter Paris ; pendant le siège, il avait, en qualité de lieutenant-colonel de mobiles, le commandement d'un secteur de l'Est, à Belleville, et avait montré beaucoup d'énergie dans ce poste, au milieu d'une population quelque peu turbulente. Au moment des troubles, les émeutiers le recherchèrent, et il aurait eu sans doute le sort des malheureux otages, s'il était tombé entre leurs mains. Sa belle conduite pendant le siège lui avait valu la croix de la Légion d'honneur.

Je revins, par le Vétizon, en Périgord, voir ma tante de Bouthillier, qui avait d'abord passé avec toute sa famille plusieurs mois chez ma mère.

Je retournai ensuite à Poitiers, et j'écrivis aussitôt au colonel de La Salle, qui, je pensais, avait repris le commandement du 3e cuirassiers. Sa réponse fut de rejoindre sous peu au dépôt à Fougères, et qu'il me ferait venir aux escadrons de guerre, le régiment étant à Savigny-sur-Orge et employé à la répression de la Commune.

En passant à Tours, je vis ma pauvre tante Mathilde Dodun de Kéroman, si éprouvée. J'eus des nouvelles de mes cousins, au service; et je partis pour Fougères, malgré une permission que ma tante avait voulu demander au

général de Négrier (père du général actuel),
qui me questionna et me signa une permission d'un mois, en disant qu'il fallait avoir
des égards pour les prisonniers. Je ne profitai
de cette permission que pendant trois jours,
car je voulais refaire campagne.

Je reçus très bon accueil du commandant
du dépôt, et des camarades, qui étaient curieux de savoir des détails sur Reichshoffen et
Sedan. Mais que de figures nouvelles ! Désirant fort ne pas rester au dépôt, je dis au
commandant que j'avais reçu l'ordre du colonel de venir me faire habiller et de le prier de
m'envoyer aux escadrons de guerre le plus tôt
possible. Le commandant m'assura que je par-
tirais dans quarante-huit heures : j'étais ravi.

Le jour fixé pour mon départ fut bien
triste. Je vis arriver deux de mes cousins, en
tenue de zouaves de Charette, dont le régiment était à Rennes, — Fernand de Moussac
et Gaston de Villèle, qui venaient m'annon-
cer la mort de mon pauvre père, que j'avais
quitté peu de jours auparavant. J'avais un
bien grand chagrin ; mais, vu les événements

et l'état du siège, le commandant me dit ne pas pouvoir m'autoriser à aller à Poitiers. Il me fallut donc repartir le soir même pour rejoindre le 3e cuirassiers. Je passai en chemin de fer une bien pénible nuit, pleine de larmes et de tristesse.

# TROISIÈME PARTIE

# CONTRE LA COMMUNE

# CONTRE LA COMMUNE

***

16 avril 1871.
Rentrée au 3ᵉ cuirassiers.

En arrivant à Savigny-sur-Orge, je me rendis chez le colonel de La Salle, installé chez M. Guyon, ancien notaire à Paris et en rapport avec ma famille. J'y fus parfaitement accueilli ; et le colonel, à qui je racontai ce que j'avais dit au commandant du dépôt, pour partir de suite, me dit que j'avais bien fait, sans quoi l'on m'aurait gardé à Fougères indéfiniment.

Je retrouvai des officiers et des sous-officiers de l'ancien 3ᵉ, mais aussi bien des figures inconnues venant des régiments de marche.

Je m'inquiétai d'avoir un bon cheval, car le choix était peu nombreux, et j'eus la main heureuse. Un cheval bai brun, pas très grand certes pour un cuirassier, et en mauvais état, était signalé « Barde », et comme venant de Saumur. C'était un parfait cheval irlandais, qui à Saumur, en 1869-1870, était monté par M. de Clauzade, écuyer à l'École. J'avais eu l'occasion de le monter, et le demandai de suite. Je le remis vite en état et j'eus une monture de premier ordre. Nous devions entendre siffler quelquefois les balles ensemble.

Deux jours après mon arrivée, je fus commandé de service pour 24 heures à Ris avec 8 hommes. Nous étions installés au bord de la Seine dans une usine, à moitié détruite pendant le siège de Paris. La consigne était d'empêcher qui que ce soit de traverser en bateau, sans une permission écrite et timbrée de l'état-major. Le pont avait été détruit, et nous voyions des patrouilles allemandes de l'autre côté du fleuve.

Deux individus sautèrent dans un bateau, amarré non loin du factionnaire, et voulurent

averser malgré la défense ; le factionnaire
ppela. J'intimai à ces hommes l'ordre d'abor-
er. Sur leur refus, prenant mon revolver, je
eur dis que, si au commandement « trois ! »
ls n'abordaient pas, je faisais feu. Ils débar-
uèrent en nous traitant grossièrement ; ils
'avaient ni permission, ni papiers. Je les fis
mpoigner ; et quand on nous releva, peu
près je les conduisis au quartier général ; on
ne félicita, et je ne sais ce qu'il est advenu
e ces gens que je pensais être des commu-
ards qui cherchaient à tirer au large.

Trois jours plus tard, envoyé en patrouille
vec six hommes, on me prévint qu'il venait
ouvent des insurgés à Choisy-le-Roi. Je n'y
rouvai personne, mais appris qu'il y en avait
ur la route de Paris après le cimetière. Lais-
ant donc deux hommes garder un croisement
es rues dans Choisy-le-Roi, je montai la côte
vec les quatre autres ; puis, ayant mis pied
à terre, je m'avançai seul dans le cimetière,
d'où l'on apercevait quelques insurgés derrière
es arbres de la route.

Un d'eux tira un coup de fusil dans ma

direction ; je revins vers mes quatre hommes, et leur dis que nous allions tourner ces insurgés afin d'en faire quelques-uns prisonniers. Mais (et j'ai honte de le dire) ces cuirassiers, qui n'étaient plus des anciens, manifestèrent si peu d'enthousiasme pour ce coup de main que, voyant combien je serais peu soutenu, il me fallut renoncer à mon projet. C'était bien malheureux, car j'aurais aimé ramener des prisonniers. Je réprimandai vertement la forte tête qui avait empêché ses camarades de marcher et j'en rendis compte à mon retour : ce cuirassier fut très sévèrement puni.

En redescendant dans Choisy, nous aperçûmes un groupe qui entourait mes deux cuirassiers restés à surveiller le carrefour. Nous prîmes le trot, craignant qu'il n'y eût là des gens pour leur faire un mauvais parti. En effet, une dizaine d'hommes, les entouraient, les traitant de sales Versaillais ; deux braillards se distinguaient par leurs insultes. Je les fis placer entre quatre cuirassiers et donnai l'ordre de marcher vers Juvisy. Puis, restant en arrière avec deux hommes le sabre à la

main, j'empêchai ainsi ceux qui voulaient
délivrer les prisonniers, d'y réussir. Je les
conduisis au quartier général, du général
Halna de Frétay, qui voulut savoir de quoi il
s'agissait, et m'approuva d'avoir empoigné ces
deux hommes qui nous traitaient de « sales
Versaillais ». Que sont-ils devenus?... Je vis
là combien l'aplomb et l'énergie servent toujours vis-à-vis d'une foule braillarde.

Ayant appris que le général de Ladmirault
commandait en chef, et que son quartier général était à Rueil, je demandai au colonel la
permission de l'aller voir, — ce qu'il m'ac-
corda avec la commission de lui rapporter, de
Versailles, une boîte de londrès. Le général de
Ladmirault me reçut avec sa bonté habituelle,
et me remit une lettre pour le général du Barrail, qui commandait en chef la cavalerie, le
priant de m'envoyer auprès de lui comme
porte-fanion. Le général du Barrail, à qui le
colonel de La Salle m'envoya porter moi-
même la lettre, me félicita d'aller auprès d'un
tel chef et il donna l'ordre de me détacher de
suite auprès du général de Ladmirault.

Le 26 avril, mon camarade, le maréchal
des logis Guilleret, fut plus heureux que moi.
En patrouille vers Choisy-le-Roi, il appri
qu'un parti de communards y était. Il le
chargea vivement, étant soutenu par son esca
dron. Il y eut des blessés de part et d'autre
lui-même fut légèrement atteint. Guillere
reçut la médaille militaire, pour sa belle con
duite.

Détaché comme porte-fanion<br>
auprès du général de Ladmirault.

Lorsque j'arrivai à Rueil, le général descen
dait de cheval, revenant des avant-postes. I
me présenta aux officiers de son état-majo
comme son porte-fanion et me dit : « Nou
dînons à sept heures. » Je me rendis à cett
invitation, pensant que c'était pour ce soir-là
seulement.

Le lendemain à midi, un planton vint m
chercher, me disant que le général me de
mandait de suite. Je le trouvai à table ave
tout son état-major particulier : lieutenant
colonel Bonie, commandant le quartier géné

ral; commandant Pesme, et capitaine de la Tour du Pin, aides de camp; lieutenants : A. de Mun, E. de Pierrebourg et Niel, officiers d'ordonnance. Le général me dit : « Il est midi, nous nous mettons toujours à table exactement. » Je m'excusai, ne sachant pas que le général m'invitait toujours à sa table ; ma situation de porte-fanion, dans ces conditions, était fort enviable ; tous les officiers de l'état-major particulier et général étaient charmants pour moi, je n'eus pas de fanion à porter et bien souvent je fus envoyé pour communiquer un ordre.

Le général occupait à Rueil la jolie villa de M. Rodrigues et il avait donné ordre que j'y eusse une chambre ; il me traitait comme son fils. Son chef d'état-major général était le général Saget (l'aîné), qui, à Saint-Cyr, avait été camarade de mon oncle Félix de Crémiers, et il aimait bien me parler de lui. Le frère cadet du général Saget était sous-chef d'état-major. Nous allions, le matin, prendre un petit déjeuner à une cantine installée pour l'état-major dans les dépendances de la villa;

et le général Saget avait la bonté de m'appeler quand il y allait.

Tous les jours, le général de Ladmirault montait à cheval pour se rendre aux avant-postes ou dans les tranchées du Bois de Boulogne. Si j'avais eu un fanion, je serais resté avec l'escorte, et je me félicitais de pouvoir le suivre partout. Souvent les balles sifflaient, et un jour que nous traversions à cheval le terrain de courses de Longchamp, deux obus éclatèrent très près du général. Le Bois de Boulogne avait été rasé, à une certaine distance des fortifications pendant le siège ; et l'on était ainsi fort à découvert quand on passait d'une tranchée à l'autre. On apercevait de temps en temps un insurgé, mais il était vite assailli de plusieurs coups de fusil.

Ayant un jour, en descendant de cheval, reçu une lettre de ma tante Naïs de Dampierre, qui me priait de voir son agent de change à Bois-Colombes, au déjeuner, je demandai au général la permission d'y aller. L'endroit n'était pas bon, il était occupé par des avant-postes de la division du général de Laveaucoupet. Le général ne se souciait pas de m'y laisser aller; sur mon insistance, il me le permit cependant, mais à la condition d'emmener un chasseur de l'escorte, et de prendre un itinéraire qu'il me désigna lui-même; en route, ayant abrégé fortement, je me trouvai en vue des fortifications. Je dis au chasseur de tenir, comme moi, la crinière de son cheval de la main droite, et de se pencher à gauche en se tenant à l'étrivière de la main gauche; puis au galop, nous franchissons un espace découvert de cent mètres environ. On tira des coups de feu sur nous, sans nous atteindre. J'avais été arrêté à un poste; mais j'avais dit que j'allais à Bois-Colombes par ordre du général en chef, et on m'avait laissé passer, à tort il est vrai. Arrivé à l'adresse indiquée, je ne trouvai qu'une bonne femme affolée, barricadée et réfugiée dans la cave : l'agent de change n'y était pas. Cette brave femme me dit qu'il allait à Paris par Saint-Denis, et revenait souvent à Bois-Colombes. Je lui laissai la commission par écrit. Le chasseur d'escorte et les deux chevaux étaient contre un mur qui les abritait. Ce fut sans doute à notre intention qu'arriva un obus, comme nous remontions à cheval. Ce projectile accrocha la crête du mur, au-dessus de nos têtes et alla éclater dans un champ à peu de distance. Nous entendîmes les sifflements des éclats ; et, filant à grande allure, nous prîmes un chemin beaucoup plus long pour le retour.

A dîner, le général me demanda des nouvelles de Bois-Colombes. Je lui avouai n'avoir pas suivi son itinéraire ; il me gronda, tout en disant qu'il comprenait cela de mon âge, mais que c'était de l'enfantillage. J'étais ravi de mon équipée, que je racontai plus tard à ma jolie tante. Le chasseur avait été très crâne.

Pendant le dîner, la conversation roulait souvent sur les événements de Metz. Ignorant tout ou presque tout de ce siège, et n'ayant entendu que des racontars de prisonniers à Ulm, j'étais très attentif à toute la conversation. Le général de Ladmirault commandait le 4e corps. A la bataille de Borny, le 14 août 1870, il était victorieux, et aurait pu passer, suivi de toute l'armée, si le maréchal Bazaine eût voulu le seconder ; il serait alors certainement sorti de Metz avec toutes nos troupes. Faisant allusion à un conseil de guerre tenu par Bazaine, le général de Ladmirault dit : « Si j'ai jamais regretté de ne pas être maréchal de France, c'est ce jour-là, mais je n'étais que général de division ! » En captivité, à Ulm, j'avais entendu des prisonniers de Metz parler avec éloges du commandant du 4ᵉ corps d'armée ; ils se souvenaient de sa conduite : le 14 août à Borny, le 16 à Rezonville et le 18 à Armanvilliers. En revanche, ils n'avaient que des malédictions pour Bazaine.

J'avais trouvé à Versailles mon oncle de Bouthillier-Chavigny. Rentré à Paris aussitôt après l'armistice, il était venu reprendre ses fonctions de juge au tribunal de la Seine. Au moment de la déclaration de la Commune, il avait quitté Paris pour Versailles ; bien lui en avait pris, car, en raison de ses fonctions, des communards étaient venus fouiller son domicile faubourg Saint-Honoré et il était recherché par eux : tombé entre leurs mains, il aurait eu un mauvais sort.

Le capitaine Muller, des chasseurs à pied, inventeur d'une hausse qui a porté son nom, était installé au château de Bécon, appartenant au prince Stirbey, avec un détachement formé de très bons tireurs de différents corps; nuit et jour, il tenait les insurgés en haleine, ses hommes étant embusqués jusqu'au bord de la Seine. Il fit beaucoup de mal aux communards qui défendaient la tête du pont de Neuilly, où il y eut des combats très violents. Le général alla une fois au château de Becon. Nous étions très intéressés par les descriptions du capitaine Muller; mais la place était chaude.

### Tentatives pour entrer dans Paris.

Un matin, il y eut deux invités au déjeuner du général de Ladmirault. Ils venaient s'entendre avec lui pour livrer la nuit la Porte de la Muette. Ils avaient fait prix avec M. Thiers, chef du Gouvernement provisoire, de 25 à 3o.ooo francs. Il fut convenu que les troupes seraient massées dans le Bois de Boulogne, à Bagatelle, et que deux officiers, le capitaine de La Tour du Pin et le capitaine Bassac, employé au service des renseignements à l'état-major, et officier de cavalerie plein d'entrain — seraient cachés derrière les rochers qui sont sur le bord de la route, entre les deux lacs, et qu'ils y recevraient le signal convenu.

A neuf heures du soir, le général monta à cheval avec son état-major, et, à mon grand désappointement, il me donna l'ordre de rester à Rueil avec les deux tiers de l'escorte, ajoutant que, s'il arrivait une dépêche de M. Thiers ou du maréchal de Mac-Mahon, je les lui fasse parvenir à Bagatelle, où l'on aurait des renseignements en cas de marche en avant. Le général me donna aussi l'ordre, si M. Thiers venait dans la nuit à Rueil, de me mettre à sa disposition pour l'accompagner avec les chasseurs de l'escorte à Bagatelle.

A cinq heures du matin, je somnolais dans le bureau du télégraphe de l'état-major, lorsque je fus éveillé par un bruit de chevaux :

c'était le général de Ladmirault qui rentrait. Il me félicita d'être resté là au chaud, car on était gelé... et bredouille. En effet, à l'heure fixée pour le signal — deux heures et demie, — un feu très violent éclata des fortifications sur le Bois de Boulogne, on battit en retraite ; et M. Thiers n'était pas venu à Rueil.

Peu de jours après, le général annonça que le soir on se rendrait de nouveau à Bagatelle, une nouvelle proposition de livrer la Porte de la Muette ayant été faite. Le général paraissait très sceptique devant cette nouvelle tentative. M. Thiers et le maréchal de Mac-Mahon étaient venus dans la matinée à Rueil, sans doute pour tenir conseil à ce sujet. Le général me dit que, cette fois, je l'accompagnerais. Départ vers 9 heures du soir, avec la conviction que l'on entrerait dans Paris. Attente devant le château de Bagatelle.

Etant endormi sur une couverture, je fus réveillé par la fusillade, dont quelques balles tombaient sur les arbres environnants. M. Thiers avait été joué pour la deuxième fois ; car ces deux soi-disant officiers de l'armée de Paris ne devaient être que des espions. Retour à Rueil. Le général de Ladmirault n'était pas du tout satisfait de ces deux déconvenues.

Le Journal de la Commune contient, dans le dernier n° paru (mai 1871) le résumé du récit ci-dessus, d'après un journal anglais[1].

Nous allions, de temps en temps, à la batterie de Montretout, établie dans le parc de la jolie villa Pozzo di Borgo, qui avait bien souffert du siège de Paris et avait été dévastée. Le jour de l'ouverture de cette formidable batterie, formée de grosses pièces de marine, M. Thiers y vint à sept heures du matin. Je le vois encore, en redingote et en chapeau haut de forme, se promenant, les mains derrière le dos dans les poches de sa redingote. Quel réveil pour les habitants du Point-du-Jour ! Cette batterie, qui (je crois m'en souvenir) était forte de trente grosses pièces de

---

1. Ces mêmes détails historiques ont été fournis, d'autre part, par l'auteur, à l'*Intermédiaire des Chercheurs et des Curieux* (n° du mai 1908, LVIII, 787-788), en réponse à la question posée dans le même périodique (LVII, 386) au sujet des « Conspirations sous la Commune ».

marine, ouvrit son feu, au commandement de : « Envoyez ! » C'était étourdissant !... Le général stimulait le zèle des pointeurs, en leur désignant : telle maison, telle fenêtre, — nous braquions nos lorgnettes, et il était bien rare que le coup ne portât pas sur le point indiqué par le général, lequel récompensait le pointeur adroit. Le clocher de Saint-Cloud, de chaque côté duquel passaient les projectiles, devait en trembler !

24 mai 1871.<br>
Entrée des troupes dans Paris.

Le 24 mai, étant à cheval à Versailles, avec le lieutenant Niel (fils du maréchal Niel), officier d'ordonnance du général de Ladmirault, nous entendions dire que l'on était entré dans Paris par le Point-du-Jour.

Nous partions vivement, pour informer le général, s'il n'était déjà prévenu, lorsque nous fûmes retenus un instant place Hoche, par une colonne de cavalerie. C'était Henri Rochefort qui, arrêté à Poissy, alors qu'il s'évadait de Paris voyant la situation mauvaise, était ramené dans un omnibus, encadré de chasseurs de la brigade Galliffet, cantonnée à Saint-Germain-en-Laye. Le général de Galliffet était lui-même à cheval. Rochefort, renfoncé dans un coin de l'omnibus, faisait piteuse mine ; il devait bien s'attendre à être fusillé ! Lui qui plus tard devint le défenseur de l'ordre et de l'armée, et l'ennemi acharné du Bloc et de la Franc-Maçonnerie?

Nous allons à vive allure à Rueil, le général de Ladmirault ne sait encore rien de l'entrée des troupes dans Paris ; il nous envoie, le lieutenant Niel et moi, au Mont-Valérien pour avoir des renseignements, pensant que, de là, on verra peut-être un mouvement de troupes ou des signaux. On n'aperçoit rien de ce côté. Des nouvelles arrivent enfin de Versailles.

Un piqueur des Ponts-et-Chaussées, Ducatel, qui se trouvait au Point-du-Jour, avait vu une poterne libre et sans gardien. Il la traversa et fit des signaux aux troupes, qui étaient dans les tranchées les plus proches. Les hommes, s'approchant un à un, passèrent la poterne, et aussitôt le drapeau tricolore remplaça le drapeau rouge des insurgés. J'ai connu plus tard ce Ducatel, qui me fit lui-même le récit de cet événement historique. C'était un très brave homme, très décidé et qui l'a bien prouvé; car il guettait depuis plusieurs jours cette occasion, risquant d'être fusillé par les communards.

La batterie de Montretout, qui bombardait le Point-du-Jour, rendait la position difficile aux insurgés. Ducatel fut fait chevalier de la Légion d'honneur et nommé percepteur à Melun; il reçut, à titre de souscription nationale, la somme de 100.000 francs et fut autorisé à porter sur lui un revolver, car il avait été l'objet de beaucoup de menaces de la part des gens de la Commune. Je déjeunai plusieurs fois avec lui en 1875. Il avait deux chevaux arabes, venait à cheval de Melun à Paris, et se promenait au Bois de Boulogne, toujours au grand galop.

25 mai.

Il fallait maintenant reprendre la ville quartier par quartier. Le général quitta Rueil vers trois heures du matin et entra dans Paris, à sept heures, par la porte d'Auteuil ; il suivit les fortifications jusqu'à la Muette. On voyait tous les gens très heureux de ce revirement ; mais encore craintifs à la suite de tous les excès qu'ils avaient vu commettre. Tout le long des fortifications, ce n'étaient que ruines, tant du fait des Allemands, que du second siège : des armes jetées à terre, et quelques cadavres de communards et de chevaux. Avec cela, un temps gris : c'était d'une tristesse poignante.

Ma famille avait habité longtemps à Auteuil une villa près des fortifications. Je fus la voir ; elle avait reçu deux projectiles.

De la Muette, le général se dirigea vers le Trocadéro, où il arriva à dix heures. La situation fut, un moment, critique. Une batterie des insurgés, installée sur la terrasse des Tuileries, tirait sur le Trocadéro, d'où les canons lui répondirent, réussissant enfin à la faire taire. Le 9ᵉ chasseurs, commandé par le colonel Charreyron, débouchait au moment où les derniers obus arrivaient : il y eut plusieurs tués et blessés, tant officiers et hommes que chevaux. A l'état-major, personne ne fut atteint.

Les troupes du général de Cissey prenaient, à ce moment-là, l'École militaire à revers ; et l'on vit les communards fuyant à travers le Champ de Mars, et pris entre deux feux ; ils eurent beaucoup de morts et de blessés.

Vers midi, déjeuner sur l'herbe, grâce à la cantine d'un régiment, dans le jardin d'un hôtel particulier de l'avenue Victor-Hugo, à l'angle de la rue des Belles-Feuilles et de la rue Saint-Didier. Ensuite, l'état-major gagna l'Arc de Triomphe ; le spectacle y était curieux, car, de part et d'autre, on tirait en enfilade dans les Champs-Élysées. Le quartier général fut installé dans un des beaux hôtels de la rue de Presbourg. Les gardiens de cet hôtel eurent la prétention de s'opposer à l'occupation de quelques pièces du rez-de-chaussée par le général en chef et son état-major particulier. Il était vraiment bizarre de voir cette opposition, dans ce quartier essentiellement riche, quand il s'agissait de loger le général qui chassait devant lui les communards et empêchait le pillage final. On occupa des chambres, et quelques matelas furent mis à terre dans un salon ; et chacun dormit bien.

26 mai.

La traversée des Champs-Élysées n'était pas encore très sûre. Le général descendit, avec son état-major particulier, jusqu'à Saint-Augustin, par le boulevard Haussmann. Les insurgés avaient élevé une très forte barricade qui défendait la rue Royale et le boulevard Malesherbes devant la Madeleine. Des salves étaient tirées par nos troupes depuis Saint-Augustin ; nous occupions la Pépinière. Un chasseur à pied et deux fantassins eurent l'idée d'établir un barrage de pavés pour pouvoir traverser le boulevard Malesherbes devant Saint-Augustin : un des hommes était sur le dos et on lui passait les pavés. Lorsqu'il y en eut suffisamment pour pouvoir traverser « à quatre pattes », le capitaine Muller passa avec quelques-uns de ses bons tireurs, et de maison en maison, de balcon en balcon, ils arrivèrent à approcher de la Madeleine, et à faire cesser le feu de la barricade, pendant que, du pont de la Concorde, on réussissait aussi à atteindre cette barricade. Nous passâmes ensuite la nuit dans une maison près de la porte de Clichy.

27 mai.

Le lendemain, eut lieu la prise du Moulin de la Galette à Montmartre. L'affaire fut chaude. Le général en chef était auprès d'un poste-caserne, et assis sur le talus des fortifications ; devant nous, la tranchée du chemin de fer de Petite Ceinture pleine de troupes. Le général me demanda sa lorgnette ; comme je m'approchais de lui, une balle effleura l'étui que je portais en sautoir et vint entrer dans le talus sur lequel était le général, qu'elle frôla au ras de la jambe droite. Il prit sa lorgnette sans sourciller, puis donna l'ordre d'envoyer fouiller une maison isolée, à environ 400 mètres au-delà du chemin de fer, d'où l'on venait de tirer et qui était située dans une zone que les renseignements disaient occupée par nos troupes.

Puis se ravisant, le général de Ladmirault me donna l'ordre d'aller moi-même procéder à cette visite, afin de veiller à ce qu'il n'y eût pas d'excès commis; rejoignant les hommes envoyés avec un sergent, je communiquai à celui-ci l'ordre que je venais de recevoir. Arrivés à la maison désignée, après avoir posté deux factionnaires pour en empêcher toute évasion, nous trouvâmes un homme à barbe blanche; il ne disait mot, mais il était vêtu trop proprement pour n'avoir pas, à mon avis, changé de vêtement pour se créer une excuse. Deux femmes, une jeune et une vieille, nous suppliaient, assurant qu'on ne trouverait aucune arme, ni aucun insurgé dans la maison. Je les rassurai et leur promis qu'il ne serait fait aucun mal. Nous fouillâmes toute la maison, n'y trouvant qu'un très grand désordre. Comme nous allions en sortir, un coup de feu retentit au dehors; je me précipitai de ce côté. L'homme à la barbe blanche était à terre : un des hommes à la garde duquel je l'avais confié l'avait tué, parce que, disait-il, « cet homme avait voulu s'enfuir », et ce soldat affirmait que c'était lui qui avait tiré sur l'état-major. Les deux femmes jetaient des cris déchirants. J'étais navré de l'incident; on entendait encore des coups de fusil aux alentours.

Je revins rendre compte au général, qui me dit : « C'est bien triste, si, par hasard, cet homme était innocent, mais ce sont les malheurs de la guerre. » Je gardai longtemps une impression pénible de cet événement. Ce soir-là, nous logeâmes encore dans le même quartier extérieur.

28 mai.<br>Gare du Nord.

Le général de Ladmirault voulait arriver à la gare du Nord. L'état-major était à la gare de la Chapelle; on attendait des renseignements; car si l'on était maître du côté droit de la voie, en regardant Paris, on ne l'était pas encore complètement à gauche. Le général était assis, le dos appuyé au dernier wagon d'une longue file de voitures de marchandises. Un garde mobile de la Seine (corps formé des anciens sergents de ville) qui connaissait tout ce quartier, et était avec un de ses camarades attaché à l'état-major, me fit signe d'approcher, et « à quatre pattes » me mena à deux wagons plus loin que celui contre lequel était appuyé le général. Par l'interstice des planches, on voyait un communard, bien armé, blotti dans un coin; il portait un costume militaire. Il n'y avait aucun doute à avoir. Avant de me laisser le temps de prévenir le général, comme je lui en avais fait le signe, le garde mobile avait appuyé le canon de son fusil dans une fente et tué le communard. Celui-ci eût été fait prisonnier les armes à la main, qu'il eût été fusillé; et s'il eût été caché dans le wagon contre lequel était appuyé le général, il pouvait le tuer.

Vers trois heures de l'après-midi, le chef de la gare du Nord, qui depuis le matin était avec l'état-major, apprit par un de ses employés que nos troupes occupaient la gare du Nord. Il en informa le général de Ladmirault, lui proposant de l'y transporter avec une locomotive blindée, et des fourgons à bagages qui seraient fermés du côté gauche, puisqu'on n'était pas encore maître de toutes les maisons bordant cette partie de la voie. Le général partit avec son état-major, laissant les chevaux et l'escorte à la gare de La Chapelle.

Deux fourgons à bagages étaient attelés à la locomotive sur laquelle se tenait le chef de gare. Plusieurs coups de fusil frappèrent les wagons sans atteindre personne. Arrêt au pont Marcadet; le chef de gare accourt prévenir le général que le passage sous le pont est barré, et lui propose soit de gagner à pied, la gare des voyageurs soit de rétrograder. Le général veut arriver à la gare et part à pied, en suivant un sentier qui se voyait encore, il y a quelques années, dans le remblai à droite, à environ deux mètres au-dessus du sol. En file par un, le général de Ladmirault, en tête, suivi du chef de gare, nous arrivons à la gare du Nord. Quelques coups de fusil sont tirés des maisons à gauche : un seul blessa légèrement au cou un chasseur de l'escorte emmené comme planton. Nous sommes à la gare, occupée par nos troupes, mais devant laquelle on se battait encore. Rue de Dunkerque, à droite et à gauche de la gare, il y avait des barricades ; celle de droite, près du boulevard de Magenta, était occupée par les nôtres ; l'autre, défendue par les insurgés, était dominée par un drapeau rouge. La fusillade était vive, et nous étions dans les grandes embrasures des portes, attendant le moment de l'assaut. Le feu des insurgés ayant diminué, nos soldats franchissent leur barricade, traversent la place au pas de course pour s'emparer de la barricade ennemie ; le drapeau rouge qui y flottait, m'attirait : et je cours à l'assaut avec l'idée fixe de prendre ce drapeau et de le rapporter au général. Mais je fus devancé par un fantassin, qui s'en empara ; j'étais navré. Quelle jolie récompense, si j'avais réussi !

Nous logeâmes dans les bâtiments de l'Administration du chemin de fer du Nord. Le brave Gentil, concierge de l'immeuble et qui avait été longtemps au service de mon grand-oncle le marquis Dalon, me soigna de son mieux, ce dont j'avais grand besoin, étant assez fatigué et ayant la fièvre.

29 mai.
**Visite du quartier de Montmartre
par le général de Ladmirault.**

Le général voulut monter à Montmartre, et traverser tout ce quartier où l'on s'était battu, pour rassurer les populations et se rendre compte de la situation vers le Père-Lachaise et les Buttes-Chaumont, fortement occupés par les insurgés. Le capitaine de La Tour du Pin, craignant qu'un fanatique ne tirât sur le général, m'avait dit de prendre quelques hommes de l'escorte afin de marcher en avant et de surveiller la route. Le général, ayant entendu cela, défendit de faire marcher qui que ce soit devant lui. Nous connaissions sa bravoure et sa bonté; et, sur le conseil du capitaine de La Tour du Pin, je pris les devants avec huit hommes et un brigadier, attendant le général à une certaine distance de la gare.

Bien nous en prit; car on tira deux coups de feu, qui, du reste, n'atteignirent personne; ayant fait mettre pied à terre à quatre hommes, on visita vivement la maison d'où l'on avait tiré. Deux hommes de mauvaise mine et des armes trouvées dans cette maison furent remis à la prévôté.

On faisait un accueil enthousiaste au général, au départ; mais quand il arriva sur les hauteurs, on voyait bien que, parmi la population silencieuse, il y avait des gens douteux. Le général de La Jaille commandait une batterie[1], qui, de Montmartre, tirait sur une batterie des insurgés établie aux Buttes-Chaumont. Le feu était très violent de part et d'autre; le général de La Jaille ne voulait pas laisser le

---

1. C'est sur l'emplacement même qu'occupait cette batterie que fut érigée, à Montmartre, en 1875, la Basilique consacrée au Sacré-Cœur, d'après un vœu national exprimé en 1871.

général en chef pénétrer dans la batterie, vu le danger ; le général de Ladmirault y resta longtemps, cependant, et s'y assit même sur une chaise.

A l'aide de lorgnettes, on voyait tout très distinctement ; il y avait parmi les insurgés un artilleur de marine qui pointait toujours à coup sûr. Le général de La Jaille le fit remarquer au général en chef ; ses coups portaient et faisaient des dégâts. Le général monta ensuite jusqu'au moulin de la Galette, pour voir de cet observatoire. Il était reparti quand deux officiers de l'état-major et moi, qui étions restés à faire un tour d'horizon, nous aperçûmes que nous étions seuls. Un chasseur, qui gardait nos chevaux, était déjà entouré d'un groupe nombreux, paraissant plutôt hostile par ses propos ; je crois qu'il était temps que nous arrivions pour le relever de son poste, où, seul, on aurait pu lui faire un mauvais parti.

En redescendant de Montmartre, le général passa par une rue où l'on avait certainement dû cerner un fort parti d'insurgés, car le sol

était couvert d'armes qu'on leur avait fait
jeter à terre. Une énorme femme était assise
sur le seuil d'une porte, et observait le général
avec de tels regards, que, si ses yeux eussent
été des pistolets, il semblait devoir en être tué ;
la population ne nous voyait pas avec sym-
pathie. Le soir, pendant que le général et son
état-major particulier dînaient dans une salle
du premier étage du restaurant Barbotte, en
face de la gare du Nord, arriva, vers 9 heures,
un aumônier militaire qui demanda à parler
au général en chef. A ce moment le feu des
batteries était très violent, et dans la gare du
Nord depuis deux jours le bruit était épouvantable à cause du bruissement sur le vi-
trage. Cet aumônier militaire venait demander au général de faire cesser le feu de la batterie de Montmartre ; les marins venaient,
disait-il, de prendre d'assaut le Père-Lachaise.
Le général remercia l'aumônier de son renseignement, mais lui dit ne pouvoir faire arrêter le feu, sur son dire. Peu de temps après,
la nouvelle de la prise du Père-Lachaise était
confirmée, et le feu cessa.

Ce soir-là les Tuileries, la Cour des Comptes et l'Hôtel de Ville brûlaient, sans parler des maisons particulières. De la gare du Nord, on voyait sur Paris une immense lueur.

Vers dix heures du soir, armé de mon revolver, je descendais la rue Lafayette pour aller voir du côté du Tuileries. Vers le milieu de la rue, à gauche, je vis deux femmes qui, s'arrêtant devant une ouverture de cave, paraissaient y verser quelque chose. Je courus à elles, et en saisis une par le bras malgré ses injures ; et j'empêchai l'autre de fuir en lui montrant mon revolver. Elles portaient chacune une boîte à lait, qui contenait du pétrole, et voulaient sans doute incendier. Une patrouille passait non loin de là ; j'appelai, et remis ces deux pétroleuses au chef de la patrouille. Les Tuileries étaient trop loin ; je remontai me coucher, et rendis compte de l'arrestation, le lendemain.

3o mai. Buttes-Chaumont.

A cinq heures du matin, le général de

Ladmirault monta à cheval pour se rendre aux Buttes-Chaumont ; il venait d'y avoir un engagement final. Le lieutenant-colonel Davoust d'Auerstaedt, depuis commandant de corps d'armée et plus tard Grand Chancelier de la Légion d'honneur, vint rendre compte au général que les derniers insurgés avaient mis bas les armes : il était sans coiffure et la tête entourée d'un bandage, venant d'être blessé. Le général m'envoya chercher le général de Galliffet, commandant la brigade de cavalerie, et le prier de venir prendre ses ordres. Il lui ordonna de conduire les derniers insurgés, pris au nombre de plusieurs centaines à la Muette, et de les remettre à la brigade de cuirassiers qu'il trouverait là, pour les conduire à Versailles. Le général de Galliffet désirait emmener ce convoi de prisonniers par les grands boulevards, comme exemple ; le général de Ladmirault n'en était pas partisan. Sur les instances du général de Galliffet qui répondait de tout, il l'autorisa cependant.

Le général de Galliffet donna l'ordre de faire retourner toutes les vestes et les manches de façon à ce qu'aucun homme ne pût se sauver sans qu'on le vît ; et il emmena son convoi. Mon camarade du Lompré, sous-officier au 9ᵉ chasseurs à cheval, eut la triste mission de donner le coup de grâce à quelques hommes qui furent fusillés pendant cette période. Il me parlait, longtemps après, de l'impression que lui avait faite cette pénible mission. Vers huit heures et demie, nous étions dans un cabaret à manger un morceau de pain et de fromage, lorsque deux hommes, vêtus de bourgerons et de pantalons tout propres, y entrèrent et s'attablèrent dans un coin. Deux gardes mobiles de la Seine, qui les avaient vus, vinrent parler à un des officiers de l'état-major, et appelant ces hommes par leur nom, ils les arrêtèrent. Etant avant la guerre sergents de ville dans ce quartier, ils les avaient reconnus comme étant des meneurs. Ils protestèrent, mais un des agents leur dit : « Vous n'avez oublié qu'une chose en vous nettoyant, c'est d'enlever vos guêtres militaires. » Qu'avaient-ils besoin, sinon par vantardise, de venir là où était l'état-major ?

Le conseil de guerre a dû décider de leur sort ; heureusement pour eux, ils n'avaient pas été pris les armes à la main.

Vers onze heures, retour à la gare du Nord par l'avenue de la République. En passant près d'une barricade encore debout, le général donne l'ordre de la faire démolir par la population fort nombreuse en cet endroit. Le capitaine de La Tour du Pin était resté en arrière avec moi, pour organiser ce travail avec des chasseurs de l'escorte. La besogne commencée, nous rejoignions l'état-major, lorsque des cris nous firent retourner. Tous les travailleurs se sauvaient, malgré les chasseurs restés en faction, et une centaine d'entre eux se réfugiaient dans un immeuble où il y avait plusieurs cours. Le lieutenant Mallet, officier d'ordonnance du général Montaudon, et qui arrivait, ayant vu ce mouvement, entra dans la cour pour les en faire sortir ; il était très grand et monté sur un petit cheval arabe. Nous arrivions au galop, lorsque nous vîmes Mallet entouré par tous ces gens qui vociféraient contre lui ; ils ne voulaient pas travailler sous le prétexte que ce n'étaient pas eux qui avaient fait la barricade. Mallet leur tenait tête, le sabre à la main. Je ne comprends pas que ces enragés, dominés sans doute par le sang-froid de Mallet, ne l'aient pas jeté à bas de son cheval. Il était temps cependant que nous venions à lui, et poussant nos chevaux, nous y parvînmes.

Des chasseurs arrivèrent aussi, la cour fut évacuée et la barricade démolie ainsi que l'avait ordonné le général en chef. Après le déjeuner, le général de Ladmirault monta à cheval pour aller établir son quartier général à l'Élysée en qualité du Gouverneur de Paris. Tout le long du parcours, il fut chaudement acclamé par la population parisienne, heureuse d'être enfin délivrée du joug de l'insurrection. Comme le général arrivait à hauteur de la rue de l'Élysée, un gendarme accourait affolé :

— Mon général, on a tiré sur moi, de la maison au coin de la rue de Miromesnil et du Faubourg ; n'avancez pas, dit-il, très ému.

Le général dit à haute voix, et avec son calme habituel : « Que l'on cherche deux obu-

« siers pour bombarder le quartier », et il entra à l'Élysée.

En entendant cet ordre et le prenant au sérieux, la foule très nombreuse se dispersa effrayée ; c'était curieux à voir. On visita la maison d'où, affirmait le gendarme, on avait tiré. On ne trouva, bien entendu, rien ; et l'enquête établit que le propre revolver du gendarme avait dû partir par une cause toute fortuite ; il y avait, en effet, un coup déchargé et une brûlure le long de la bande de sa culotte, à droite, côté où il portait son étui à revolver.

Après son installation à l'Élysée, le général de Ladmirault donna congé pour la soirée à tout son état-major. Resté seul avec lui, il m'emmena dîner au restaurant Durand, rue Royale. C'était fort amusant de voir la physionomie de tous les gens qui rentraient à Paris, après tant d'événements ; chacun de ceux qui étaient là était plein de respectueuse déférence pour le général de Ladmirault, que l'on reconnaissait.

Mon service consistait à accompagner, chaque jour, le général à cheval, avec un de ses officiers d'ordonnance, au Bois de Boulogne, et quelquefois, dans certains quartiers de Paris ; dans ce dernier cas, il y avait une escorte.

La première chose que j'étais allé voir, au lendemain des opérations, c'était la colonne Vendôme, que les barbares avaient jetée à terre dans la direction de la rue de la Paix ; le spectacle était lamentable. Je fus regarder aussi les malheureux débris des Tuileries, de la Cour des Comptes et de l'Hôtel de Ville, restés debout après les incendies. Que de tristesses ! Et les Allemands, qui occupaient encore le Nord-Est et l'Est des environs de Paris, avaient assisté de Saint-Denis à ce spectacle.

Sur l'ordre que fit le général de Ladmirault, gouverneur, après les opérations du siège de Paris contre la Commune, il me fit l'honneur de me citer.

Un jour, ayant été voir M<sup>me</sup> de Ladmirault, non encore installée à l'Élysée, et dans son appartement de la rue du Cirque, je rencontrai chez elle la duchesse de Polignac, qui habitait l'hôtel Crillon, place de la Concorde.

Elle racontait comment plusieurs insurgés de marque s'étaient installés en ménage dans son hôtel, durant quelques jours, et y avaient fait bombance, après avoir pillé beaucoup d'objets qu'elle n'avait pu retrouver. M<sup>me</sup> de Ladmirault me pria de faire des recherches. Muni d'un ordre du gouverneur, je me rendis là où l'on avait déposé un grand nombre de choses prises entre les mains des communards ; et j'eus la chance de retrouver la plupart des objets volés, au ministère de l'Instruction publique. Ayant rendu compte au général de mes recherches, et muni d'un nouvel ordre écrit, j'allai informer la duchesse de Polignac, que j'accompagnai ; et après reconnaissance de son bien, je pus lui faire délivrer tout ce qui lui appartenait.

La résidence du gouverneur fut changée, et établie au Louvre, cour Caulaincourt. J'avais toujours une existence agréable, mais presque rien à faire. Aussi, m'ennuyant de cette oisiveté, et désirant pouvoir aller faire un cours à Saumur, pour arriver officier, puisque les chances de mes deux campagnes ne m'y avaient pas fait réussir, je demandai au général à rejoindre mon régiment, qui était alors cantonné à Orsay.

A l'automne de 1871, le 3ᵉ cuirassiers alla en garnison à Versailles. Le service était si chargé, à cause des conseils de guerre jugeant les insurgés de la Commune, que j'y restai 48 heures de garde, comme chef de poste, sans être relevé.

Exécution militaire<br>de Membres de la Commune.

Un soir que je rentrais tard de Paris, j'appris que le régiment était commandé de service à quatre heures du matin, pour assister à l'exécution, à Satory, de Rossel, Ferré et Bourgeois, membres de la Commune. Mon escadron était de service à pied, et je me trouvais, au moment de l'exécution, à environ trente mètres de Bourgeois. Rossel était, en 1870, un officier du génie de valeur ; il s'était malheureusement jeté dans l'insurrection. Lorsque les condamnés descendirent de la voiture cellulaire, Rossel passa devant son ancien régiment et salua les officiers qui lui rendirent le salut. Peu après, je fus encore commandé pour assister à l'exécution de deux autres communards. C'étaient tous de grands coupables envers la France !

Étant un jour de service au conseil de guerre présidé par le colonel Charreyron, commandant le 9⁰ régiment de chasseurs à cheval, un vieillard vint me supplier de lui laisser embrasser son fils, au moment où j'allais faire entrer le prévenu dans la salle du conseil ; bien que la consigne fût de ne laisser communiquer personne avec les accusés, ému par les larmes de ce pauvre père, je lui dis : « Faites vite », pendant que je tournais la tête du côté de mes hommes.

Le 3ᵉ cuirassiers vint en garnison à Paris, au commencement de 1872. Étant maréchal des logis fourrier, je faisais le service de la place de Paris pour prendre les ordres. Un jour, pendant que nous écrivions sous la dictée d'un officier, le général de Geslin, commandant la place de Paris, entra, et nous parla d'agressions subies par des militaires, puis il nous dicta : « que tout soldat portant une arme, doit s'en servir pour se défendre, s'il est attaqué ». — Puis, faisant allusion à une lâche agression commise contre un garde municipal dans un bal public, il nous fit écrire : « que ce garde avait passé son sabre au travers du corps d'un des voyous qui l'attaquaient, lequel en avait été quitte pour une blessure. » Le général ajouta : « Dites bien à vos camarades de se servir de leurs armes s'ils sont attaqués, et que, si pour cela ils sont traduits devant les tribunaux, c'est moi, général de Geslin, commandant la place de Paris, qui viendrai les défendre comme avocat. » Le général fut violemment attaqué par la presse révolutionnaire, à la suite de cet ordre. Que dirait-on maintenant, où les braves agents de l'ordre peuvent, de même que les soldats aux grèves, recevoir des coups, mais n'en pas rendre!

Compiègne, 1905.

# APPENDICE

# APPENDICE

Ayant fait la rencontre, en juillet 1904, de mon ancien camarade de 1870, M. Abel Bassigny, qui est le président de la « Société des anciens cuirassiers ayant chargé à Reichshoffen[1] », je me fis inscrire de cette Société, je recevais, peu après, de M. Auguste Vacher, percepteur à Murviel (Hérault), la lettre suivante :

« Murviel, 24 juillet 1904.

« Monsieur et cher Camarade,

« Je suis très heureux de retrouver votre nom dans un appendice que publie la Société Fraternelle des Cuirassiers de Reichshoffen... Je ne veux pas vous cacher que je vous croyais enterré depuis trente-quatre ans dans quelque prairie sur les bords de la Meuse...

---

1. Tous les ans, la Société des Cuirassiers de Reichshoffen se réunit à Paris, le 6 août. De toutes les parties de la France, — voire même d'Alsace et de Lorraine — viennent d'anciens officiers, sous-officiers et cuirassiers. Un service religieux pour le repos de l'âme des camarades décédés a lieu dans une église de Paris ; un banquet réunit, le soir, tous les anciens de 1870.

« ... J'ai conservé un souvenir très précis de ces tristes journées et des moindres incidents. La veille de la bataille, vous perdîtes une bague de famille à laquelle vous teniez beaucoup, et qui fut heureusement retrouvée. Vous étiez le plus jeune de l'escadron ; vous vous êtes battu comme le plus ancien ; la bombe de votre casque fut emportée par un éclat d'obus ; votre belle conduite pendant toute la journée du 6 août vous valut d'être attaché à la personne du général de brigade, et les galons de sous-officier. Vous voyez, mon cher ami, que ma mémoire me sert bien : je suis heureux de vous rappeler tous ces petits souvenirs... »

Mon vieux camarade Vacher, qui était mon maréchal des logis de peloton, le 6 août 1870, fut le premier à lire mes notes, et écrivait, en me les renvoyant : « J'ai dévoré les pages de notes que vous avez écrites sur 1870-1871, et que vous pouvez intituler *Choses Vues*, car tout est d'une exactitude parfaite. » Ce témoignage me confirmait la véracité de ce que j'avais écrit, d'après mes notes et lettres à ma famille en 1870-1871.

# Société des Anciens Cuirassiers de Reichshoffen

M'étant fait inscrire, en juillet 1904, comme membre de la Société fraternelle des anciens cuirassiers des 1er, 2e, 3e, 4e, 8e et 9e Régiments, ayant pris part aux charges de Reichshoffen et Morsbronn, — laquelle a pour but de venir en aide aux anciens camarades dans le besoin, — j'eus le très grand plaisir de retrouver, à la réunion annuelle du 6 août suivant, une quantité de vieux braves, chez qui l'âge n'a pas émoussé la chaleur des sentiments patriotiques. Je revis là, entre autres, mon vieux camarade Vacher, et Bassigny, le Président de la Société, dont le nom figure avec le mien sur la légende du tableau de Claris, « La Charge de Floing, à Sedan, dite du Commandant Cugnon d'Alincourt ».

Le nombre des anciens camarades de cette époque diminue; j'ai le n° 187 sur 214 inscrits. Une jeune Société s'est formée au 9e cuirassiers, sous les auspices du colonel Delannoy; ce régiment est le seul des six ayant pris part aux charges de Reichshoffen et Morsbronn qui ait continué la campagne de 1870-1871. En effet, le 9e, ayant perdu 9 officiers et 276 hommes tués ou blessés à Morsbronn, avait versé le reste de son effectif au 8e, et s'était reformé sur ses cadres et avec des officiers de l'Ecole de Saumur; il fit ainsi la campagne de l'armée de la Loire.

Les 5 autres régiments de cuirassiers qui avaient chargé le 6 août, furent faits prisonniers à Sedan.

Ne font partie de la vieille Société, que ceux qui font la preuve d'avoir pris part aux charges. Ils ne seront pas éternels. La jeune Société, pour la fondation de laquelle le 9e cuirassiers a un titre tout spécial, en perpétuera le glorieux souvenir sous le nom de

CHARGEZ !!!

# TABLE DES MATIÈRES

# TABLE DES MATIÈRES

—

---

LIGUGÉ (Vienne)

Imprimerie E. AUBIN

---

**AULNOYE** (Pierre d',. — **Le Lieutenant de Trémazan.** Un officier de l'Est. 1 volume in-16............................ 3 50

**COUDERC DE FONLONGUE** (Capitaine Georges). — **La Pierre de Touche.** Essai sur l'autorité dans l'armée. 1 volume in-16. 3 »

— **L'Officier et ses ennemis.** 1 volume in-16............ 2 »

**ROLAND** (Lieutenant M.). — **L'Éducation patriotique du soldat.** Préface de George Duruy. 1 volume in-16............. 3 50

**GOYAU** (Georges). — **L'École d'aujourd'hui.** 1ʳᵉ *série.* 3ᵉ édition. 1 volume in-16.................................... 3 50

— **L'École d'aujourd'hui.** 2ᵉ *série.* — Le péril primaire. — L'École et la Patrie. — L'École et Dieu. 2ᵉ édition. 1 volume in-16. 3 50

— **L'Idée de Patrie et l'Humanitarisme.** Essai d'histoire française. 1866-1901. 4ᵉ édition. 1 volume in-16................ 3 50

**GONNEVILLE** (Colonel de). — **Souvenirs militaires du Colonel de Gonneville,** publiés par la Comtesse de Mirabeau, sa fille, et précédés d'une étude par le Général Baron Ambert. Nouvelle édition. 1 volume in-16.................................... 3 50

**HOUSSAYE** (Henry), de l'Académie française. — **1814.** 57ᵉ édition. 1 volume in-16.................................... 3 50

— **1815. La Première Restauration.** — **Le Retour de l'île d'Elbe.** — **Les Cent-Jours.** 53ᵉ édition. 1 volume in-16.......... 3 50

— **Waterloo.** 59ᵉ édition. 1 volume in-16°............... 3 50

— **La Seconde Abdication.** — **La Terreur Blanche.** 41ᵉ édition. 1 volume in-16.................................... 3 50

**MEZIÈRES** (Alfred), de l'Académie française. — Récits de l'invasion. *Alsace et Lorraine.* 8ᵉ édition, augmentée. 1 vol. in-12. 3 50

**ROUSSET** (Camille), de l'Académie française. — **Les Volontaires (1791-1794).** 5ᵉ édition. 1 volume in-12............. 3 50

— **La Grande Armée de 1813.** Nouvelle édition. 1 vol. in-12. 3 50

**JOLICLERC.** — **Joliclerc volontaire aux armées de la Révolution.** Ses lettres (1793-1796) recueillies et publiées par Etienne Joliclerc, avec une introduction et des notes par Frantz Funk-Brentano. 1 volume in-16 avec gravures.......................... 3 50

**MIGNET,** de l'Académie française. — **Histoire de la Révolution française** depuis 1789 jusqu'en 1814. 18ᵉ édition. 2 vol. in-12. 7 »

— **Vie de Franklin.** 13ᵉ édition. 1 volume in-12.......... 1 25

**DARCY** (Jean). — **L'Équilibre africain au XXᵉ siècle.** *La Conquête de l'Afrique.* Allemagne — Angleterre — Congo — Portugal. 1 volume in-16.................................... 3 50

— *France et Angleterre.* **Cent années de Rivalité coloniale. L'Afrique.** 1 volume in-8°.................................... 7 50

— *France et Angleterre.* **Cent Années de Rivalité coloniale.** — **L'affaire de Madagascar.** 1 vol. in-8°............... 4 »

Paris. — Imp. E. Capiomont et Cⁱᵉ, rue de Seine, 57.

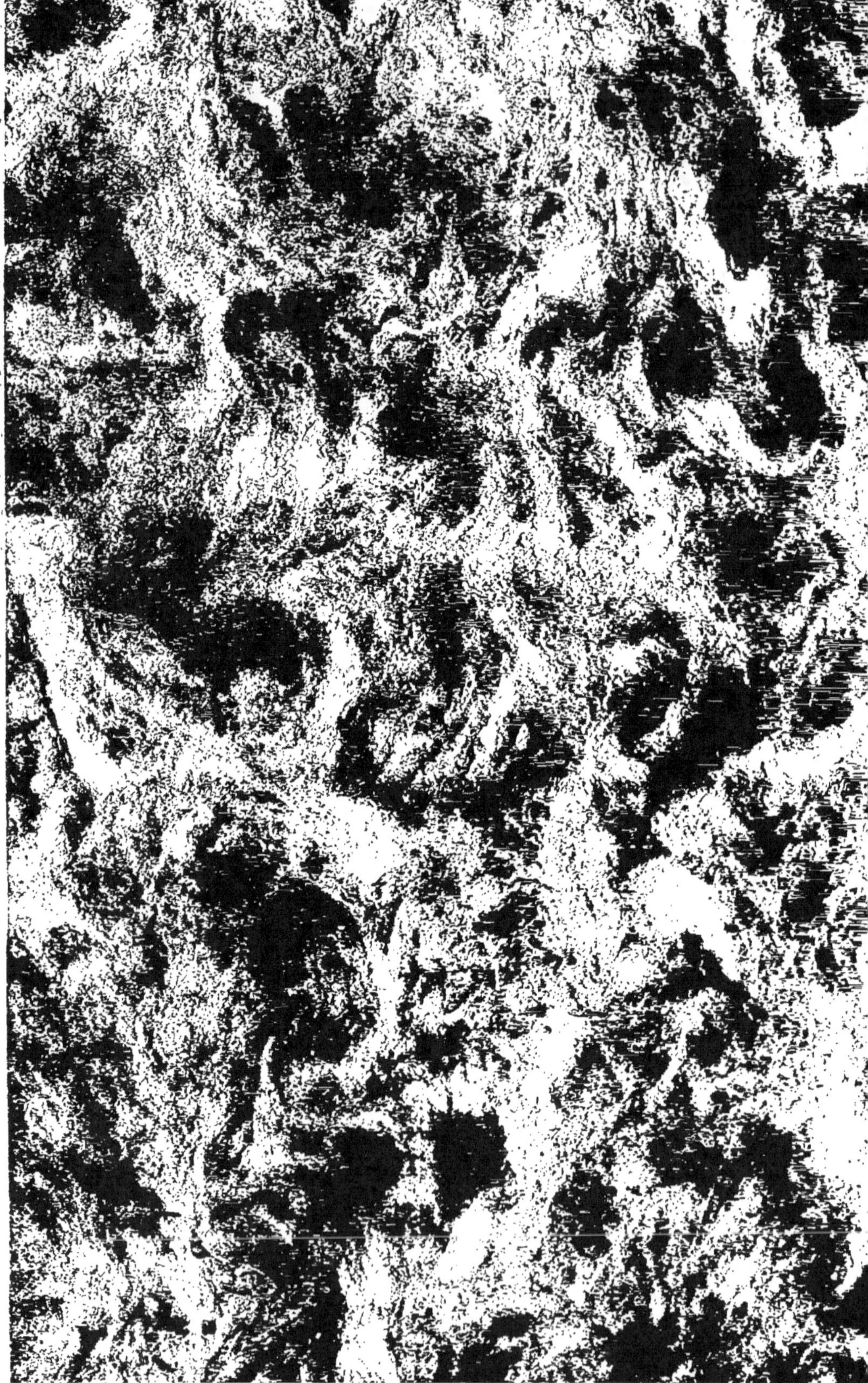

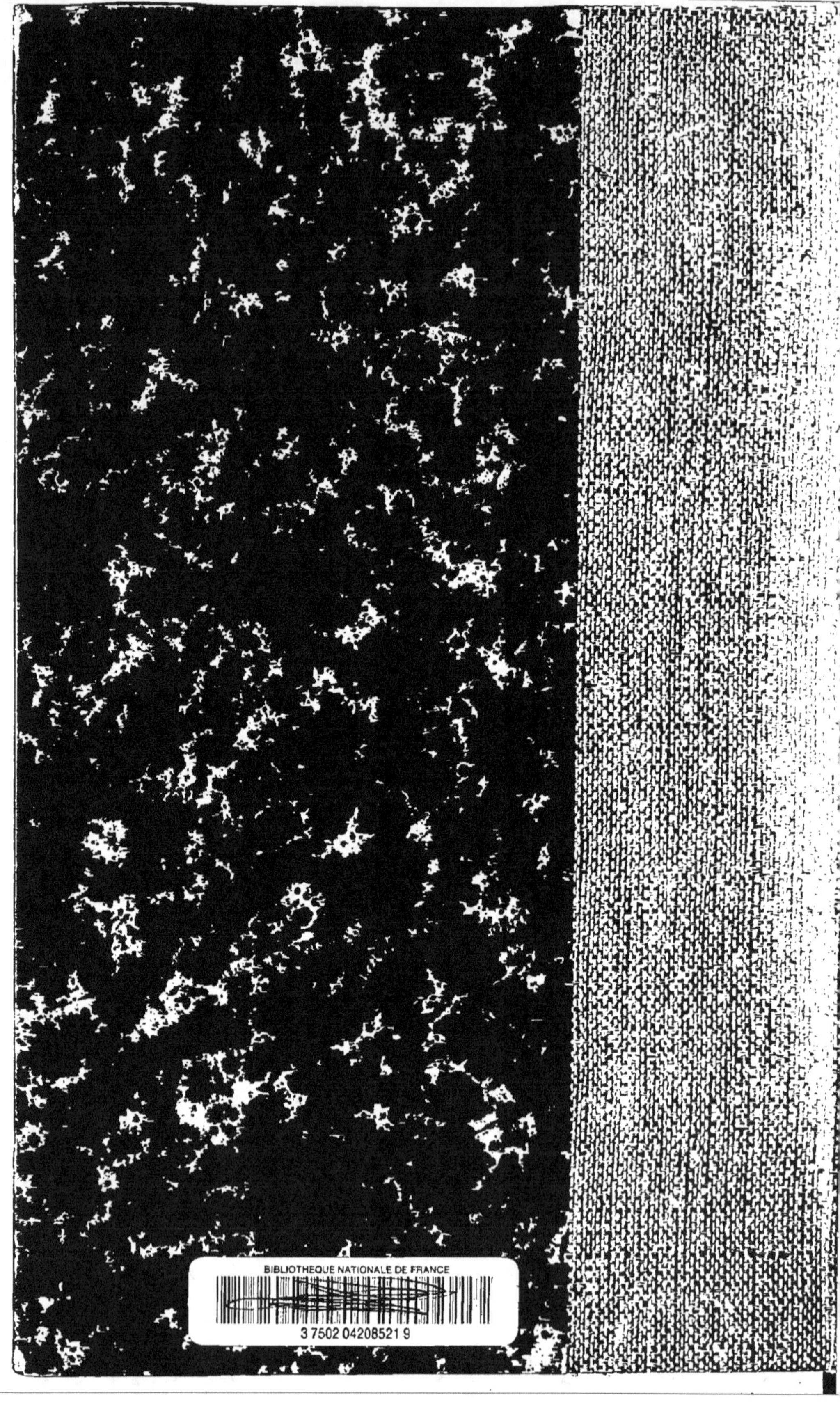
BIBLIOTHEQUE NATIONALE DE FRANCE
3 7502 04208521 9